初見の熟語がスラリと読める

漢字の音よみ名人

複雑《ふくざつ》にみえる漢字《かんじ》に、一瞬《いっしゅん》、とまどってしまうことはありませんか？

「あの漢字は〝なにへん〟だっけ」と、迷《まよ》うことはありませんか？

この本は、だれもがもつ、そうしたなやみを楽しく解決《かいけつ》し、むずかしい漢字や熟語《じゅくご》もスラリと読める「音《おん》よみ名人」になるための本です。

何千、何万とある漢字の大部分が、部首《ぶしゅ》＋音記号《おんきごう》でできた形声文字《けいせいもじ》です。

形声文字のしくみがわかれば、はじめて出会う漢字でも、読み方の見当がついて、それと同時に、部首で意味の大枠《おおわく》をつかむことができます。

この本では、それをリズミカルな唱《とな》えことばであらわしています。

たとえば、音記号「分《フン》」の唱えことばは、つぎのとおりです。

「こめ（米）は**製粉**《せいふん》／いと（糸）で**紛争**《ふんそう》／あめ（雨）がふりだす**雰**囲気《ふんいき》だ」

これだけで、「粉《フン》」「紛《フン》」「雰《フン》」という漢字の部首（こめへん・いとへん・あめかんむり）と、共通の音記号「分」が、すんなりつかめることでしょう。

同じ形が、同じ音や似《に》た音をあらわします。そのような共通《きょうつう》の音記号をもつ「なかまの漢字」を一ページにまとめました。一字一字、書く必要《ひつよう》はありません。声にだしながら、漢字の形に注目してください。

もくじ

音よみ名人への道　形声文字《けいせいもじ》って、なに？……10

一年生の漢字の音記号

五《ゴ》　伍・語・悟……16

正《セイ》　征・政・整……17

生《セイ》　姓・性・牲・星……18

青《セイ》　晴・清・精・請・情《ジョウ》……19

白《ハク》　泊・舶・迫・拍……20

二年生の漢字の音記号

京《ケイ（キョウ）》　景・鯨《ゲイ》・涼《リョウ》・諒《リョウ》……22

古《コ》　枯・湖・故・苦《ク》……23

工《コウ》　功・紅・攻・巧……24

交《コウ》　校・効・絞・郊……25

才《ザイ（サイ）》　材・財……26

寺《ジ》　時・持・詩《シ》・待《タイ》・特《トク》……27

長《チョウ》 帳・脹・張…28
直《チョク（ショク）》 植《ショク》・殖《ショク》・値《チ》・置《チ》…29
同《ドウ》 銅・胴・洞・筒《トウ》…30
半《ハン》 判・畔・伴…31
分《フン》 粉・紛・雰・盆《ボン》…32
方《ホウ》 訪・放・倣・防《ボウ》・房《ボウ》…33

毎《マイ（カイ）》 海《カイ》・悔《カイ》・梅《バイ》…34
里《リ》 理・裏・鯉・厘《リン》…35

なぜ、「音《おん》よみ」と「訓《くん》よみ」があるのか…36
漢字のお経《きょう》 音よみあそび①…37
ふくらんだ音記号…38

三年生の漢字の音記号

安《アン》 案・按・鞍…40
意《イ（オク）》 億・憶・臆…41
化《カ》 靴・貨・花…42
者《シャ》 煮・暑《ショ》・諸《ショ》・署《ショ》・緒《ショ》…43

主《シュ（ジュウ）》 住《ジュウ》・柱《チュウ》・駐《チュウ》・注《チュウ》…44
重《ジュウ（シュ）》 種《シュ》・腫《シュ》・動《ドウ》・働《ドウ》…45
申《シン》 神・紳・伸…46
真《シン》 慎・鎮《チン》…47

相《ソウ》 霜・想・箱…48
代《タイ》 貸・袋…49
丁《チョウ》 頂・町・庁・訂《テイ》…50
豆《トウ》 頭・登・痘…51
反《ハン》 飯・版・販・板《バン》・返《ヘン》…52
皮《ヒ》 披・疲・彼・波《ハ》・破《ハ》…53
由《ユ》 油・抽《チュウ》・宙《チュウ》・笛《テキ》・軸《ジク》…54
羊《ヨウ》 養・洋・詳《ショウ》・祥《ショウ》…55
列《レツ》 烈・裂・例《レイ》…56
どの字が入る？ 音よみあそび② …57
音がかわる音記号…58
なぜ、二つ以上の音をもつ漢字があるのか…60

四年生の漢字の音記号

加《カ》 架・賀《ガ》…62
果《カ》 課・菓・裸《ラ》…63
各《カク》 閣・格・客・絡《ラク》・路《ロ》…64
官《カン》 棺・館・管…65
求《キュウ》 球・救…66
共《キョウ》 供・恭・洪《コウ》…67

周《シュウ》 週・調《チョウ》・彫《チョウ》…68
成《セイ》 誠・盛・城《ジョウ》…69
折《セツ》（セイ） 誓《セイ》・逝《セイ》・哲《テツ》…70
兆《チョウ》 跳・挑・逃《トウ》・桃《トウ》…71
付《フ》 腐・附・府・符…72
包《ホウ》 砲・抱・胞・泡・飽…73
良《ロウ》（リョウ） 浪・朗・廊・郎…74
令《レイ》 零・齢・冷・領《リョウ》…75
ごろあわせ文を読んでみよう 音よみあそび③…76
同じ音記号の漢字が入ります 音よみあそび④…77
もう一つのあわせ漢字…78

五・六年生の漢字の音記号

可《カ》 河・歌・荷・何…80
義《ギ》 議・儀・犠…81
士《シ》 仕・誌・志…82
責《セキ》 積・績・債《サイ》…83
則《ソク》 側・測…84
非《ヒ》 悲・俳《ハイ》・輩《ハイ》・排《ハイ》…85
余《ヨ》（ジョ） 除《ジョ》・徐《ジョ》・途《ト》・塗《ト》…86
干《カン》 刊・汗・肝…87

己 キ
紀・起・記・忌…88

亡 ボウ
忘・忙・望・盲《モウ》…89

知らない漢字も読める！…90
蝶《チョウ》と鳥《チョウ》――二つのチョウ…92

中学校以上で習う漢字の音記号

亥 ガイ
該・劾・骸・刻《コク》・核《カク》…94

監 カン
艦・鑑・濫《ラン》…95

其 キ
基・期・旗・棋・欺《ギ》…96

巨 キョ
拒・距…97

兼 ケン
謙・嫌・廉《レン》…98

采 サイ
菜・採・彩…99

召 ショウ
招・昭・紹・照・超《チョウ》…100

尚 ショウ
賞・掌・常《ジョウ》・党《トウ》・堂《ドウ》…101

辰 シン
振・震・娠…102

占 セン（テン）
点《テン》・店《テン》・粘《ネン》…103

曽 ソウ
僧・層・増《ゾウ》・贈《ゾウ》・憎《ゾウ》…104

麻 マ
摩・磨・魔…105

免 メン（バン）
勉《ベン》・晩《バン》…106

音だけあらわす音記号、意味ももつ音記号…107

いまは音記号だけに使われる形……110

韋《イ》　偉・違・緯・衛《エイ》……112
袁《エン》　猿・遠・園……113
咼《カ》　過・禍・渦……114
蒦《カク》　穫・獲・護《ゴ》……115
𦰩《カン》　漢・嘆《タン》・難《ナン》……116
雚《カン》　観・歓・勧・権《ケン》……117
禺《グウ》　偶・隅・遇・愚《グ》……118
圣《ケイ》　経・軽・径・茎……119
㑒《ケン》　倹・検・剣・験・険……120

臤《ケン》　賢・堅・緊《キン》……121
冓《コウ》　購・構・講・溝……122
艮《コン》　根・恨・眼《ガン》・銀《ギン》・限《ゲン》……123
𢦏《サイ》　栽・裁・載……124
乍《サク》　昨・作・酢・詐《サ》……125
襄《ジョウ》　嬢・壌・譲・醸……126
戠《ショク》　織・職・識《シキ》……127
𠬶《シン》　侵・浸・寝……128
亲《シン》　新・親・薪……129

ごろあわせ文を読んでみよう　音よみあそび⑤…130
同じ音記号の漢字が入ります　音よみあそび⑥…131

- 兑《エツ（セツ）》　閲・説《セツ》・脱《ダツ》・税《ゼイ》…132
- 戔《セン》　践・銭・浅・残《ザン》…133
- 且《ソ》　組・粗・祖・助《ジョ》・査《サ》…134
- 喿《ソウ》　操・燥・藻…135
- 氐《テイ》　低・邸・抵・底…136
- 啇《テキ》　滴・適・敵・摘…137
- 朕《トウ》　騰・謄・藤・勝《ショウ》…138

108の音記号一覧…150
さくいん…151

- 咅《バイ》　倍・培・賠・部《ブ》・剖《ボウ》…139
- 尃《ハク》　博・薄・縛《バク》・簿《ボ》…140
- 复《フク》　腹・複・復・覆…141
- 畐《フク》　福・副・幅・富《フ》…142
- 扁《ヘン》　編・偏・遍…143
- 甫《ホ》　捕・補・舗・哺…144
- 莫《ボ》　墓・暮・募・慕・幕《バク》…145
- 俞《ユ》　輸・愉・癒・諭…146
- 昜《ヨウ》　揚・陽・場《ジョウ》・腸《チョウ》…147
- 侖《リン》　倫・輪・論《ロン》…148

この本は、知りたい漢字のページから読むことができます。
「さくいん」からも、漢字をさがすことができますよ。

音よみ名人への道

形声《けいせい》文字《もじ》って、なに？

1 二つに分かれる漢字《かんじ》

つぎの漢字《かんじ》を見てごらん。
部首《ぶしゅ》と、それ以外《いがい》の部分に分かれる漢字だよ。

花《カ》 → 艹《くさかんむり》 ＋ 化《カ》

草《ソウ》 → 艹《くさかんむり》 ＋ 早《ソウ》

町《チョウ》 → 田《たへん》 ＋ 丁《チョウ》

洋《ヨウ》 → 氵《さんずい》 ＋ 羊《ヨウ》

時《ジ》 → 日《にちへん》 ＋ 寺《ジ》

「花《カ》」と「化《カ》」、「草《ソウ》」と「早《ソウ》」、「町《チョウ》」と「丁《チョウ》」、「洋《ヨウ》」と「羊《ヨウ》」、「時《ジ》」と「寺《ジ》」……。
どれも同じ音《おん》よみだね。

2 あわせ漢字《かんじ》から部首《ぶしゅ》をとったら……

あわせ漢字から部首をとりさると、音《おん》をあらわす部分《ぶぶん》がのこるよ。

下の例《れい》では、「化《カ》」「早《ソウ》」「袁《エン》」「咼《カ》」が、音をあらわす部分だ。

このように、音をあらわすはたらきをもつ部分を「音記号《おんきごう》」とよぶことにしよう。

	あわせ漢字		部首		のこった形
花《か》びんの	花《カ》（はな）	−	艹《くさかんむり》	＝	化《カ》
野草《やそう》の	草《ソウ》（くさ）	−	艹《くさかんむり》	＝	早《ソウ》
遠足《えんそく》の	遠《エン》（とおい）	−	辶《しんにゅう》	＝	袁《エン》
過去《かこ》の	過《カ》（すぎる）	−	辶《しんにゅう》	＝	咼《カ》

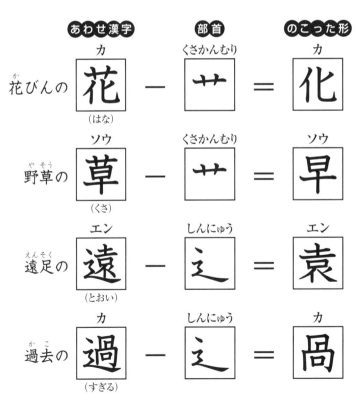

3 部首《ぶしゅ》＋音記号《おんきごう》＝形声文字《けいせいもじ》

左のあわせ漢字《かんじ》は、どれも中学校で習《なら》う漢字だけど、「包《ホウ》」は四年生で習う漢字だ。

「部首《ぶしゅ》＋音記号《おんきごう》」のあわせ漢字を「形声文字《けいせいもじ》」という。

形声文字のしくみがわかれば、むずかしくみえる漢字も、どんどん読めるよ。

部首は意味《いみ》をあらわし、音記号は音《おん》をあらわす！

部首 → **形声文字** ← **音記号**

いしへん	大砲《たいほう》のホウ	ホウ
石 →	砲	← 包

（昔、**石**をとばした武器）

しょくへん	飽食《ほうしょく》のホウ	ホウ
飠 →	飽	← 包

（ものを**食**べあきること）

てへん	介抱《かいほう》のホウ	ホウ
扌 →	抱	← 包

（**手**でだくこと）

にくづき	同胞《どうほう》のホウ	ホウ
月 →	胞	← 包

（はら。**おなか**のなかで赤ちゃんをつつむ）

さんずい	水泡《すいほう》のホウ	ホウ
氵 →	泡	← 包

（あわ。**水**のあわ）

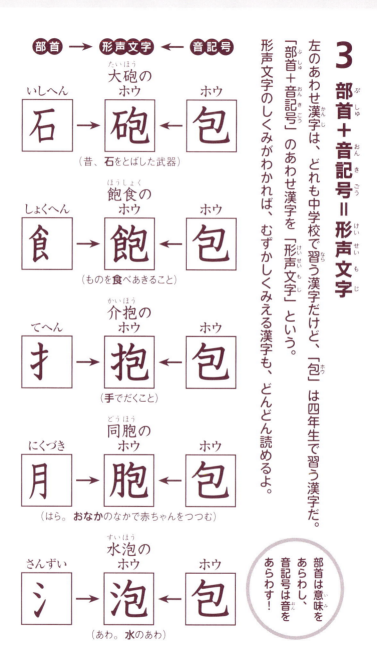

4 音記号《おんきごう》をみつけよう

形声文字

実験《じっけん》の　験　ケン

検査《けんさ》の　検　ケン

危険《きけん》の　険　ケン

剣道《けんどう》の　剣　ケン

音記号　㑒　ケン

同じ音《おん》の漢字《かんじ》のなかの、同じ形のところが、音記号《おんきごう》だ。
音記号の位置《いち》はいろいろ。　の部分《ぶぶん》をたしかめてみよう。

日記《にっき》の　記　キ

起床《きしょう》の　起　キ

紀元《きげん》の　紀　キ

忌中《きちゅう》の　忌　キ

…

音記号　己　キ

政治《せいじ》の　政　セイ

征服《せいふく》の　征　セイ

整理《せいり》の　整　セイ

…

音記号　正　セイ

一学期《いちがっき》の　期　キ

基本《きほん》の　基　キ

万国旗《ばんこくき》の　旗　キ

…

音記号　其　キ

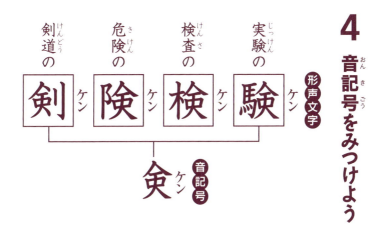

この本の見方

★となえことば

部首《ぶしゅ》の使《つか》い分けもスッキリわかるよ。声にだしてみよう。

（女）おんなは姓《せい》名《めい》
（忄）こころで性《せい》格《かく》
（牛）うしへん犠《ぎ》牲《せい》
にちつく星《せい》座《ざ》

★絵

★音記号《おんきごう》

★同じ音記号《おんきごう》をもつ漢字《かんじ》

★意味《いみ》

★熟語《じゅくご》の例《れい》

その漢字が音よみで使われていることば。

◯は音記号の漢字、◯は形声文字《けいせいもじ》。

❶～❻は、小学校で習う学年（新学習指導要領）。
㊥は、中学校で習う常用漢字。
㊔は人名漢字。
▼は、上記以外の漢字。

一年生の漢字の音記号

（日）ひは晴《せい》天《てん》で
（氵）みず清《せい》流《りゅう》
（米）こめを精《せい》米《まい》
（忄）こころは情《じょう》熱《ねつ》

(亻)にんべん
落《らく》伍《ご》で
(言)ごんべん国《こく》語《ご》
(忄)りっしんべんで
覚《かく》悟《ご》しろ

音記号

五《ゴ》

落《らく》伍《ご》の
伍《ゴ》

意味

名 くみ なかま

国《こく》語《ご》の
語《ゴ》

❷ かたる ことば

覚《かく》悟《ご》の
悟《ゴ》

中 さとる

五

五感《ごかん》・五輪《ごりん》
五十歩百歩《ごじっぽひゃっぽ》

伍

伍長《ごちょう》
落伍《らくご》

語

語学《ごがく》・語源《ごげん》
熟語《じゅくご》・単語《たんご》

悟

悟性《ごせい》・悟道《ごどう》
悔悟《かいご》・覚悟《かくご》

正義《せいぎ》のじ
（彳）みちをすすんで
征服《せいふく》し
（攵）むちをつかって
政治《せいじ》する

音記号

正

セイ
（ショウ）

意味

征服《せいふく》の
征《セイ》
中 うつ ゆく

政治《せいじ》の
政《セイ》
❺ まつりごと

整理《せいり》の
整《セイ》
❸ ととのえる

正

正解《せいかい》・正確《せいかく》
厳正《げんせい》・正月《しょうがつ》

征

征討《せいとう》・征伐《せいばつ》
遠征《えんせい》・出征《しゅっせい》

政

政権《せいけん》・政策《せいさく》
行政《ぎょうせい》・摂政《せっしょう》

整

整合《せいごう》・整然《せいぜん》
整備《せいび》・調整《ちょうせい》

(女)おんなは姓名《せいめい》

(忄)こころで性格《せいかく》

(牛)うしへん犠牲《ぎせい》

(日)にちつく星座《せいざ》

音記号

生 セイ(ショウ)

意味

姓名《せいめい》の姓《セイ》 中 かばね

性格《せいかく》の性《セイ》 5 さが たち

犠牲《ぎせい》の牲《セイ》 中 いけにえ

星座《せいざ》の星《セイ》 2 ほし

生

生活《せいかつ》・生物《せいぶつ》

発生《はっせい》・一生《いっしょう》

姓

姓氏《せいし》・姓名《せいめい》

同姓同名《どうせいどうめい》

性

性質《せいしつ》・性別《せいべつ》

野性《やせい》・相性《あいしょう》

星

星雲《せいうん》・星図《せいず》

金星《きんせい》・流星《りゅうせい》

（日）ひは晴《せい》天《てん》で
（氵）みず清《せい》流《りゅう》
（米）こめを精《せい》米《まい》
（忄）こころは情《じょう》熱《ねつ》

音記号

青

セイ・ジョウ

意味

晴《せい》天《てん》の晴《セイ》
❷ はれる はらす

清《せい》流《りゅう》の清《セイ》
❹ きよい すむ

精《せい》米《まい》の精《セイ》
❺ くわしい きよい

情《じょう》熱《ねつ》の情《ジョウ》
❺ なさけ こころ

請《せい》求《きゅう》の請《セイ》
中 もとめる うける

晴
晴《せい》朗《ろう》
快《かい》晴《せい》

清
清《せい》潔《けつ》
清《せい》算《さん》

精
精《せい》鋭《えい》・精《せい》根《こん》
精《せい》神《しん》・精《せい》密《みつ》

情
情《じょう》感《かん》・情《じょう》報《ほう》
感《かん》情《じょう》・事《じ》情《じょう》

請
請《せい》願《がん》
申《しん》請《せい》

(氵)さんずい宿泊《しゅくはく》

(舟)ふねは船舶《せんぱく》

(辶)しんにゅう迫力《はくりょく》

(扌)てで拍手《はくしゅ》

音記号

白《ハク》

意味

宿泊《しゅくはく》の

泊《ハク》

とまる
しずか
中

船舶《せんぱく》の

舶《ハク》

ふね
中

迫力《はくりょく》の

迫《ハク》

せまる
きびしい
中

拍手《はくしゅ》の

拍《ハク》

うつ
たたく
中

泊

外泊《がいはく》・淡泊《たんぱく》
停泊《ていはく》・漂泊《ひょうはく》

舶

舶来《はくらい》
船舶《せんぱく》

迫

迫害《はくがい》・迫真《はくしん》
気迫《きはく》・肉迫《にくはく》

拍

拍車《はくしゃ》
一拍《いっぱく》

二年生の漢字の音記号

（米）こめは製《せい》粉《ふん》
（糸）いとで紛《ふん》争《そう》
（⻗）あめがふりだす
雰《ふん》囲《い》気《き》だ

（日）にちで風景《ふうけい》
（魚）うおへん捕鯨《ほげい》
（氵）さんずいついた
清涼剤《せいりょうざい》

音記号

京

ケイ・ゲイ
リョウ
（キョウ）

意味

風景《ふうけい》の景《ケイ》 ④ ひかり かげ

捕鯨《ほげい》の鯨《ゲイ》 ㊥ くじら

清涼《せいりょう》の涼《リョウ》 ㊥ すずしい ものさびしい

諒解《りょうかい》の諒《リョウ》 ㊔ まこと あきらか

景

景観《けいかん》・景気《けいき》
光景《こうけい》・背景《はいけい》

鯨

鯨飲《げいいん》
鯨油《げいゆ》

涼

涼感《りょうかん》・涼風《りょうふう》
荒涼《こうりょう》・納涼《のうりょう》

諒

諒解《りょうかい》（了解《りょうかい》）
諒承《りょうしょう》（了承《りょうしょう》）

(木)きは枯《こ》木《ぼく》
(氵)さんずい湖《こ》水《すい》
(艹)くさ苦《く》心《しん》
事《じ》故《こ》をおこして
(攵)むちづくり

古 コ・ク

音記号

意味

枯《こ》木《ぼく》の枯 コ

かれる からす 中

湖《こ》水《すい》の湖 コ

みずうみ ❸

苦《く》心《しん》の苦 ク

くるしい にがい ❸

事《じ》故《こ》の故 コ

ゆえ・もと ことさら (会意) ❺

枯

枯渇《こかつ》・枯死《こし》
栄枯盛衰《えいこせいすい》

湖

湖岸《こがん》・湖底《こてい》
湖畔《こはん》・火口湖《かこうこ》

苦

苦境《くきょう》・苦笑《くしょう》
四苦八苦《しくはっく》

故

故意《こい》・故郷《こきょう》
故人《こじん》・縁故《えんこ》

（力）ちからで成《せい》功《こう》
（糸）いとは紅《こう》白《はく》
攻《こう》撃《げき》するのは
（攵）むちづくり

音記号

工

コウ・（ク）

成《せい》功《こう》の**功**コウ
紅《こう》白《はく》の**紅**コウ
攻《こう》撃《げき》の**攻**コウ
技《ぎ》巧《こう》の**巧**コウ

意味

❹ てがら しごと
❻ くれない べに
中 せめる おさめる（会意）
中 たくみ じょうず

功
功《こう》罪《ざい》・功《こう》績《せき》
功《こう》労《ろう》・年《ねん》功《こう》

紅
紅《こう》茶《ちゃ》・紅《こう》潮《ちょう》
紅《こう》葉《よう》・深《しん》紅《く》

攻
攻《こう》勢《せい》・攻《こう》防《ぼう》
攻《こう》略《りゃく》・専《せん》攻《こう》

巧
巧《こう》者《しゃ》・巧《こう》妙《みょう》
技《ぎ》巧《こう》・精《せい》巧《こう》

(木)きへんで学校《がっこう》

(力)ちからで効果《こうか》

(糸)いとでしめつけ

絞首刑《こうしゅけい》

音記号

交《コウ》

意味

学校《がっこう》の校《コウ》

❶ まなびや ならう

効果《こうか》の効《コウ》

❺ ききめ いたす (会意)

絞首刑《こうしゅけい》の絞《コウ》

中 しぼる しめる

郊外《こうがい》の郊《コウ》

中 まちはずれ

校

校舎《こうしゃ》・校正《こうせい》

校庭《こうてい》・将校《しょうこう》

効

効能《こうのう》・効力《こうりょく》

時効《じこう》・有効《ゆうこう》

絞

絞殺《こうさつ》

絞首《こうしゅ》

郊

郊外《こうがい》

近郊《きんこう》

(木)きへんで材料《ざいりょう》

(貝)かいへん財産《ざいさん》

才能《さいのう》すぐれた

大天才《だいてんさい》

音記号

才

(サイ)

ザイ

材料《ざいりょう》の

材 ザイ

財産《ざいさん》の

財 ザイ

意味

❹ まるた もちまえ

❺ たから

才

才覚《さいかく》・才気《さいき》

才能《さいのう》・奇才《きさい》

材

材質《ざいしつ》・材木《ざいもく》

取材《しゅざい》・題材《だいざい》

財

財貨《ざいか》・財宝《ざいほう》

散財《さんざい》・財布《さいふ》

（日）にちへん時間《じかん》
（扌）てへんで持参《じさん》
（言）ごんべんつけて
作詩《さくし》する

音記号

寺

ジ・シ
タイ・トク

意味

時間《じかん》の時《ジ》
❷ とき

持参《じさん》の持《ジ》
❸ もつ たもつ

作詩《さくし》の詩《シ》
❸ うた

招待《しょうたい》の待《タイ》
❸ まつ もてなす

特別《とくべつ》の特《トク》
❹ ただひとつ とりわけ

時
時期《じき》
臨時《りんじ》

持
持久《じきゅう》・持続《じぞく》
支持《しじ》・所持《しょじ》

詩
詩情《しじょう》
詩人《しじん》

待
待機《たいき》・待望《たいぼう》
期待《きたい》・優待《ゆうたい》

特
特産《とくさん》
独特《どくとく》

（巾）はばへん手《て》帳《ちょう》
（月）にくづき膨《ぼう》脹《ちょう》
（弓）ゆみがついたら
出《しゅっ》張《ちょう》だ

音記号

長 チョウ

手帳《てちょう》の
帳 チョウ

膨脹《ぼうちょう》の
脹 チョウ

出張《しゅっちょう》の
張 チョウ

意味

③ とばり
ちょうめん

名 ふくれる

⑤ はる
ひろげる

長

延長《えんちょう》・助長《じょちょう》
増長《ぞうちょう》・波長《はちょう》

帳

帳消《ちょうけ》し・帳面《ちょうめん》
記帳《きちょう》・通帳《つうちょう》

脹

腫脹《しゅちょう》
膨脹《ぼうちょう》

張

張力《ちょうりょく》・拡張《かくちょう》
緊張《きんちょう》・主張《しゅちょう》

（木）きへんは植物《しょくぶつ》
（亻）ひとは価値《かち》
（罒）あみがしらでは
装置《そうち》だよ

音記号

直

ショク・チ
（チョク）

意味

植物《しょくぶつ》の **植** ショク
❸ うえる たてる

価値《かち》の **値** チ
❻ あたい ねだん

装置《そうち》の **置** チ
❹ おく

増殖《ぞうしょく》の **殖** ショク
中 ふえる ふやす

植
植樹《しょくじゅ》・植民地《しょくみんち》
移植《いしょく》・誤植《ごしょく》

値
価値《かち》
数値《すうち》

置
位置《いち》・処置《しょち》
配置《はいち》・放置《ほうち》

殖
殖財《しょくざい》・殖産《しょくさん》
生殖《せいしょく》・繁殖《はんしょく》

(金)かねへん銅貨《どうか》で
(月)にくづき胴衣《どうい》
(竹)たけの水筒《すいとう》
たんけんたい

音記号

同

ドウ・トウ

意味

銅貨《どうか》の 銅 ドウ
⑤ あかがね

胴衣《どうい》の 胴 ドウ
中 はら

水筒《すいとう》の 筒 トウ
中 つつ

洞窟《どうくつ》の 洞 ドウ
中 ほらあな とおる

銅

銅剣《どうけん》・銅山《どうざん》
銅像《どうぞう》・青銅器《せいどうき》

胴

胴上《どうあ》げ・胴体《どうたい》
救命胴衣《きゅうめいどうい》

筒

円筒《えんとう》・封筒《ふうとう》
発煙筒《はつえんとう》

洞

洞穴《どうけつ》・洞察《どうさつ》
空洞《くうどう》・風洞《ふうどう》

（刂）りっとう判断《はんだん》
（田）たんぼで湖畔《こはん》
（亻）にんべん
つけて
同伴《どうはん》だ

音記号

半 ハン（バン）

意味

判断《はんだん》の
判 ハン
⑤ わかれる さばく

湖畔《こはん》の
畔 ハン
中 さかい ほとり

同伴《どうはん》の
伴 ハン
中 とも・つれ ともなう

半
半額《はんがく》・半球《はんきゅう》
半熟《はんじゅく》・折半《せっぱん》

判
判決《はんけつ》・判明《はんめい》
審判《しんぱん》・評判《ひょうばん》

畔
河畔《かはん》
湖畔《こはん》

伴
伴侶《はんりょ》・伴走《ばんそう》
伴奏《ばんそう》・相伴《しょうばん》

（米）こめは製粉《せいふん》
（糸）いとで紛争《ふんそう》
（⻗）あめがふりだす
雰囲気《ふんいき》だ

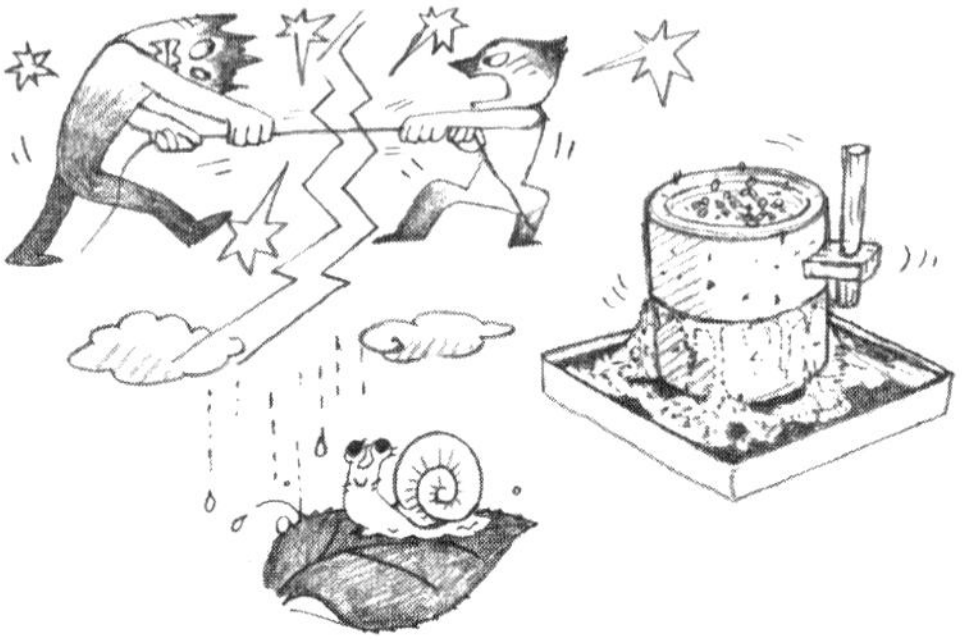

音記号

分

フン・ボン

意味

製粉《せいふん》の
粉 フン
こな
おしろい
5

紛争《ふんそう》の
紛 フン
まぎれる
もつれる
中

雰囲気《ふんいき》の
雰 フン
きり・き
中

盆地《ぼんち》の
盆 ボン
ぼん
はち
中

粉
粉骨《ふんこつ》・粉砕《ふんさい》
粉末《ふんまつ》・花粉《かふん》

紛
紛糾《ふんきゅう》・紛失《ふんしつ》
内紛《ないふん》

雰
雰囲気《ふんいき》

盆
盆栽《ぼんさい》・盆地《ぼんち》
覆水盆《ふくすいぼん》に返《かえ》らず

(言)ことばで訪《ほう》問《もん》
(攵)むちで追《つい》放《ほう》
(亻)にんべんつけて
模《も》倣《ほう》する

音記号

方

ホウ・ボウ

訪問《ほうもん》の
訪《ホウ》

意味

❻ おとずれる たずねる

追放《ついほう》の
放《ホウ》

❸ はなつ はなす (会意)

模倣《もほう》の
倣《ホウ》

中 ならう まねる

防衛《ぼうえい》の
防《ボウ》

❺ ふせぐ

暖房《だんぼう》の
房《ボウ》

中 へや ふさ

訪

訪日《ほうにち》・探訪《たんぼう》
来訪《らいほう》・歴訪《れきほう》

放

放出《ほうしゅつ》・放送《ほうそう》
開放《かいほう》・解放《かいほう》

防

防寒《ぼうかん》・防犯《ぼうはん》
攻防《こうぼう》・消防《しょうぼう》

房

工房《こうぼう》・独房《どくぼう》
冷房《れいぼう》・文房具《ぶんぼうぐ》

（氵）さんずい大《たい》海《かい》
（忄）こころで後《こう》悔《かい》
（木）きへんがついて
梅《ばい》雨《う》だよ

音記号

毎

カイ・バイ
（マイ）

意味

大海《たいかい》の
海《カイ》
❷ うみ

後悔《こうかい》の
悔《カイ》
中 くいる くやしい

梅雨《ばいう》の
梅《バイ》
❹ うめ

毎

毎朝《まいあさ》・毎回《まいかい》
毎度《まいど》・毎晩《まいばん》

海

海域《かいいき》・海産物《かいさんぶつ》
雲海《うんかい》・航海《こうかい》

悔

悔悟《かいご》
悔恨《かいこん》

梅

梅園《ばいえん》・紅梅《こうばい》
入梅《にゅうばい》・松竹梅《しょうちくばい》

(王)おうへん真理《しんり》
(衣)ころもは裏面《りめん》
(魚)さかなが
ついてる
養鯉業《ようりぎょう》

音記号

里 リ・リン

真理《しんり》の **理** リ
裏面《りめん》の **裏** リ
養鯉業《ようりぎょう》の **鯉** リ
一厘《いちりん》の **厘** リン

意味
❷ おさめる すじ
❻ うら
名 こい
中 (金や重さの単位)

理
理解《りかい》・理由《りゆう》
理論《りろん》・条理《じょうり》

裏
内裏《だいり》・脳裏《のうり》
表裏《ひょうり》・手裏剣《しゅりけん》

鯉
養鯉《ようり》

厘
九分九厘《くぶくりん》

なぜ、「音《おん》よみ」と「訓《くん》よみ」があるのか

漢字《かんじ》は、中国から日本に伝《つた》わってきました。それは、いまから千五百年くらいまえのことといわれています。

中国や朝鮮《ちょうせん》から日本にやってきた人びとが、漢字や、さまざまな技術《ぎじゅつ》を伝えました。

当時《とうじ》の日本には、もちろん、ことばはありましたが、それを書きあらわす「文字」はありませんでした。そこで、中国語をあらわす漢字をもとに、日本のことばを書きあらわすようにしたのです。

そのとき、漢字を中国語のままの音《おん》で使ったり、漢字に同じ意味《いみ》の日本語をあてはめて使《つか》ったりしました。

サン　セン　ソウ　モク……音《おん》よみ
山　川　草　木
やま　かわ　くさ　き……訓《くん》よみ

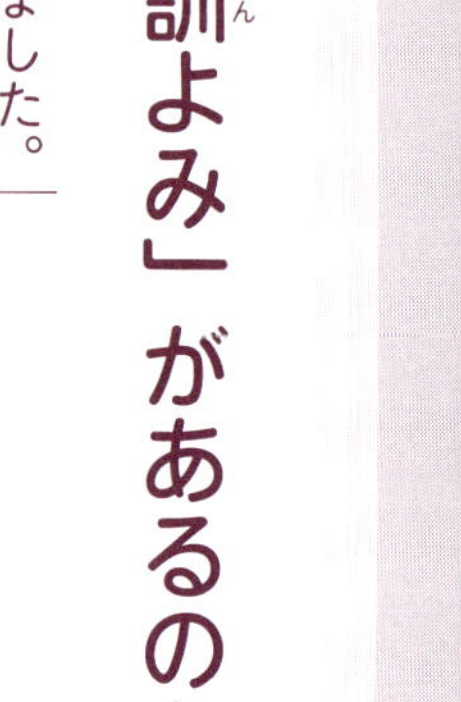

カタカナで書いてあるものは、もともと中国語での読みで、これが「音《おん》よみ」です。ひらがなで書いたほうは、日本語におきかえた読み、「訓《くん》よみ」です。

このとき以来《いらい》、日本では、漢字の「音よみ」と「訓よみ」を自由自在《じゆうじざい》に使いこなして、いまのような、ゆたかな日本語をつくりあげたのです。

音よみあそび①

漢字《かんじ》のお経《きょう》

漢字《かんじ》のお経《きょう》を声にだして読んでみよう。

山《サン》—川《セン》—草《ソウ》—木《モク》
天《テン》—気《キ》—雨《ウ》—水《スイ》
中《チュウ》—空《クウ》—日《ニチ》—月《ゲツ》
金《キン》—石《セキ》—田《デン》—土《ド》

花《カ》—竹《チク》—森《シン》—林《リン》
男《ダン》—女《ジョ》—人《ジン》—口《コウ》
耳《ジ》—目《モク》—足《ソク》—手《シュ》
王《オウ》—玉《ギョク》—出《シュツ》—入《ニュウ》
上《ジョウ》—下《ゲ》—左《サ》—右《ユウ》
赤《セキ》—白《ハク》—青《セイ》—糸《シ》

七《シチ》—音《オン》—九《キュウ》—文《ブン》
虫《チュウ》—小《ショウ》—車《シャ》—大《ダイ》
六《ロク》—千《セン》—字《ジ》—正《セイ》
本《ホン》—村《ソン》—見《ケン》—学《ガク》
先《セン》—生《セイ》—五《ゴ》—百《ヒャク》
十《ジュウ》—年《ネン》—休《キュウ》—校《コウ》

ふくらんだ音《おん》記《き》号《ごう》

形声文字《けいせいもじ》から部首《ぶしゅ》をひいたら、
のこりは音記号《おんきごう》だったね。
（11ページをみてみよう。）
だから、さんずいの「湖《コ》」の
音記号は、「胡《コ》」ということに
なる。

音記号のなかには、
古《コ》→固《コ》、古《コ》→胡《コ》のように、
もとの形にべつの形が加《くわ》わって、
ふくらんだ音記号を
つくるものがあるんだよ。

おおもとの音記号
古

枯《コ》　枯木《こぼく》の
故《コ》　事故《じこ》の

固《コ》　固体《こたい》の
個《コ》　個人《こじん》の
箇《コ》　箇数《こすう》の

胡《コ》　胡弓《こきゅう》の
湖《コ》　湖水《こすい》の
糊《コ》　糊口《ここう》の

ふくらんだ音記号には
五《ゴ》→吾《ゴ》→語《ゴ》
可《カ》→何《カ》→荷《カ》
なんていうのもあるね。

三年生の漢字の音記号

（ネ）しめすは神社《じんじゃ》
（糸）いとへん紳士《しんし》
（イ）にんべん
ついたら
伸縮自在《しんしゅくじざい》

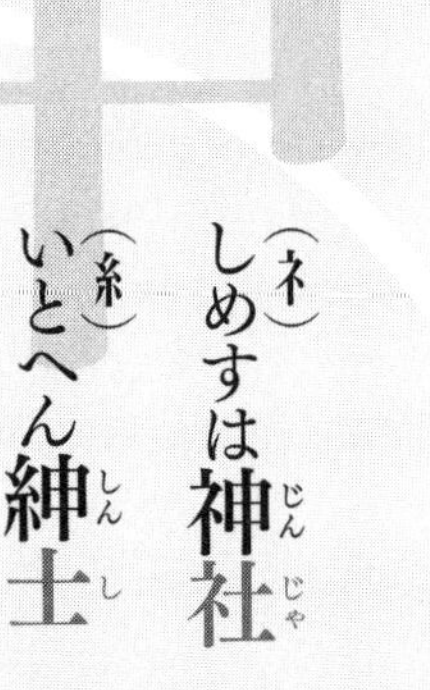

つくえの
うえから
名案《めいあん》うまれ
(扌)てへんがついて
按摩《あんま》もみもみ

音記号

安《アン》

名案《めいあん》の案《アン》

意味
つくえ
かんがえる
④

按摩《あんま》の按《アン》

おさえる
なでる
▼

鞍馬《あんば》の鞍《アン》

くら
▼

安

安住《あんじゅう》・安心《あんしん》
不安《ふあん》・平安《へいあん》

案

案件《あんけん》・案出《あんしゅつ》
思案《しあん》・提案《ていあん》

按

按針《あんじん》
按摩《あんま》

鞍

鞍馬《あんば》

（亻）にんべん一億《いちおく》
（忄）こころは記憶《きおく》
（月）にくづきついて
臆病《おくびょう》だ

音記号

意（イ）オク

意味

一億《いちおく》の
億《オク》
（数の名）
とても多い
④

記憶《きおく》の
憶《オク》
おもう
おぼえる
中

臆病《おくびょう》の
臆《オク》
おしはかる
きおくれする
中

意

意義《いぎ》・意味《いみ》
合意《ごうい》・任意《にんい》

億

億兆《おくちょう》・巨億《きょおく》
億万長者《おくまんちょうじゃ》

憶

憶説《おくせつ》・憶測《おくそく》
記憶《きおく》・追憶《ついおく》

臆

臆病《おくびょう》
臆面《おくめん》

靴《くつ》はかわへん（革）
（貝）かい貨《か》物《もつ》
（艹）くさがばけると
花《はな》になる

音記号

化

カ

長靴《ちょうか》の

靴

カ

意味

中 くつ かわぐつ

貨物《かもつ》の

貨

カ

❹ たから ぜに

花壇《かだん》の

花

カ

❶ はな

化

化学《かがく》・化石《かせき》
悪化《あっか》・文化《ぶんか》

靴

軍靴《ぐんか》
隔靴掻痒《かっかそうよう》

貨

貨車《かしゃ》・貨幣《かへい》
外貨《がいか》・通貨《つうか》

花

花粉《かふん》・開花《かいか》
花鳥風月《かちょうふうげつ》

（日）にちで残暑《ざんしょ》
（言）ごんべん諸君《しょくん》
（皿）あみがしらでは
警察署《けいさつしょ》

音記号

者

シャ・ショ
（チヨ）

意味

残暑《ざんしょ》の暑 ショ
あつい
あつさ
③

諸君《しょくん》の諸 ショ
おおくの
もろもろ
⑥

警察署《けいさつしょ》の署 ショ
わりあて
やくしょ
⑥

一緒《いっしょ》の緒 ショ
いとぐち
はじめ
中

煮沸《しゃふつ》の煮 シャ
にる
中

暑

暑気《しょき》・暑中《しょちゅう》
避暑《ひしょ》・猛暑《もうしょ》

諸

諸君《しょくん》・諸国《しょこく》
諸説《しょせつ》・諸般《しょはん》

署

署長《しょちょう》・署名《しょめい》
消防署《しょうぼうしょ》・部署《ぶしょ》

緒

緒言《しょげん》・緒戦《しょせん》
由緒《ゆいしょ》・情緒《じょうちょ》

（亻）にんべん住《じゅう》所《しょ》
（木）きへんの電《でん》柱《ちゅう》
（馬）うまへん
つけて
駐《ちゅう》車《しゃ》する

音記号

主

ジュウ（シュ）・チュウ

意味

住所《じゅうしょ》の住《ジュウ》
すむ　とどまる　③

電柱《でんちゅう》の柱《チュウ》
はしら　③

駐車《ちゅうしゃ》の駐《チュウ》
とどまる　とめる　中

注意《ちゅうい》の注《チュウ》
そそぐ　つける　③

住

住居《じゅうきょ》・住民《じゅうみん》
安住《あんじゅう》・移住《いじゅう》

柱

柱石《ちゅうせき》・柱頭《ちゅうとう》
支柱《しちゅう》・氷柱《ひょうちゅう》

駐

駐在《ちゅうざい》・駐留《ちゅうりゅう》
常駐《じょうちゅう》・進駐《しんちゅう》

注

注記《ちゅうき》・注視《ちゅうし》
傾注《けいちゅう》・発注《はっちゅう》

（力）ちからで運動《うんどう》
（イ）ひとは労働《ろうどう》
（禾）いねの種類《しゅるい》は
えらんでつくる

音記号

重

（ジュウ）シュ・ドウ

意味

運動《うんどう》の 動《ドウ》 ❸ うごく うごき

労働《ろうどう》の 働《ドウ》 ❹ はたらく はたらき

種類《しゅるい》の 種《シュ》 ❹ たね たぐい

腫瘍《しゅよう》の 腫《シュ》 中 はれもの

動
動乱《どうらん》・動力《どうりょく》
移動《いどう》・騒動《そうどう》

働
稼働《かどう》・実働《じつどう》
労働《ろうどう》

種
種子《しゅし》・種目《しゅもく》
業種《ぎょうしゅ》・品種《ひんしゅ》

腫
腫脹《しゅちょう》・腫瘍《しゅよう》
筋腫《きんしゅ》・浮腫《ふしゅ》

（ネ）しめすは神社《じんじゃ》
（糸）いとへん紳士《しんし》
（イ）にんべん
ついたら
伸縮自在《しんしゅくじざい》

音記号

申

シン
（ジン）

神社《じんじゃ》の
神 ジン

紳士《しんし》の
紳 シン

伸縮《しんしゅく》の
伸 シン

意味

神 ③ かみ こころ

紳 中 おおおび

伸 中 のびる のばす

申

申告《しんこく》・申請《しんせい》
具申《ぐしん》・答申《とうしん》

神

神経《しんけい》・神話《しんわ》
精神《せいしん》・風神《ふうじん》

紳

紳士《しんし》
紳士的《しんしてき》

伸

伸縮《しんしゅく》・伸展《しんてん》
屈伸《くっしん》・追伸《ついしん》

真《しん》のじに
(忄)りっしんべんで
謹《きん》慎《しん》で
(金)かねへんついて
鎮《ちん》守《じゅ》のやしろ

音記号

真 シン・チン

謹慎《きんしん》の
慎 シン

鎮守《ちんじゅ》の
鎮 チン

意味

慎：つつしむ　まこと　中

鎮：しずめる　おさえる　中

真

真価《しんか》・真実《しんじつ》
真相《しんそう》・迫真《はくしん》

慎

慎重《しんちょう》・謹慎《きんしん》
不謹慎《ふきんしん》

鎮

鎮圧《ちんあつ》・鎮火《ちんか》
鎮静《ちんせい》・鎮痛剤《ちんつうざい》

（雨）あめは霜《そう》害《がい》
（心）こころで想《そう》像《ぞう》
（竹）たけかんむりで
百《ひゃく》葉《よう》箱《そう》

音記号

相 ソウ

意味

霜《そう》害《がい》の
霜 ソウ
中 しも

想《そう》像《ぞう》の
想 ソウ
3 おもう おもい

百《ひゃく》葉《よう》箱《そう》の
箱 ソウ
3 はこ

相

相《そう》違《い》・相《そう》談《だん》
血《けっ》相《そう》・人《にん》相《そう》

霜

霜《そう》害《がい》・星《せい》霜《そう》
晩《ばん》霜《そう》

想

想《そう》起《き》・想《そう》定《てい》
構《こう》想《そう》・連《れん》想《そう》

箱

百《ひゃく》葉《よう》箱《そう》

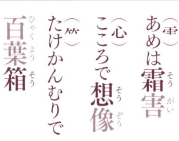

ひとは一代《いちだい》
(貝)かいで貸借《たいしゃく》
(衣)ころもをつけると
風袋《ふうたい》だ

音記号

代 タイ (ダイ)

意味

貸借《たいしゃく》の貸 タイ
⑤ かす

風袋《ふうたい》の袋 タイ
中 ふくろ

代

代案《だいあん》・代理《だいり》
古代《こだい》・交代《こうたい》

貸

貸借《たいしゃく》・貸与《たいよ》
賃貸《ちんたい》

袋

風袋《ふうたい》・郵袋《ゆうたい》
有袋類《ゆうたいるい》

(頁)おおがい頂上《ちょうじょう》

(田)たへんは町長《ちょうちょう》

(广)まだれのついた

県《けん》庁《ちょう》だ

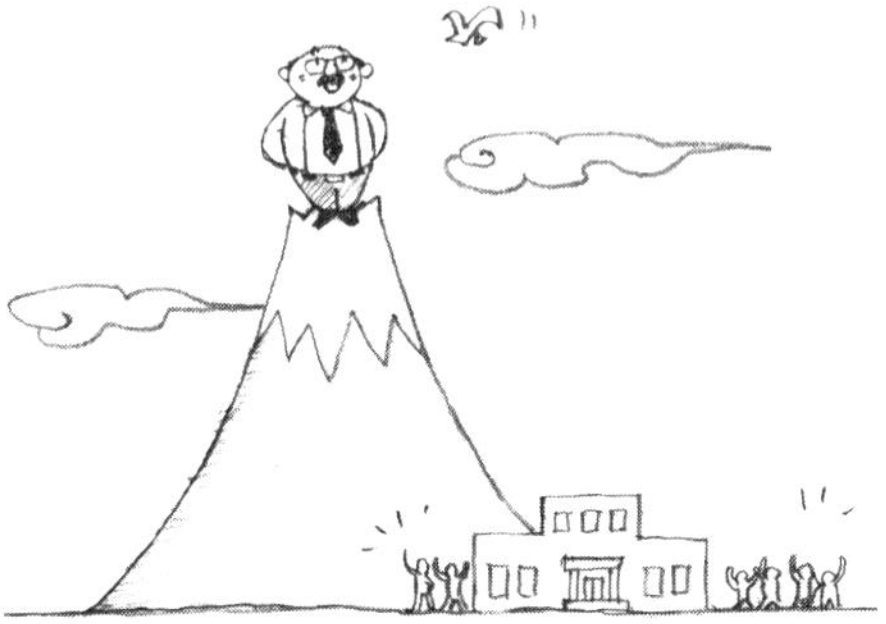

音記号

丁

チョウ・テイ

意味

頂上《ちょうじょう》の頂 チョウ

❻ いただき いただく

町長《ちょうちょう》の町 チョウ

❶ まち あぜ

県庁《けんちょう》の庁 チョウ

❻ やくしょ

訂正《ていせい》の訂 テイ

中 ただす

頂

頂点《ちょうてん》・山頂《さんちょう》

登頂《とうちょう》・有頂天《うちょうてん》

町

町内《ちょうない》・町人《ちょうにん》

市町村《しちょうそん》

庁

庁舎《ちょうしゃ》・官公庁《かんこうちょう》

気象庁《きしょうちょう》

訂

訂正《ていせい》・改訂《かいてい》

校訂《こうてい》・補訂《ほてい》

（頁）おおがい教頭《きょうとう》
登頂《とうちょう》めざす
（疒）やまいだれつけ
天然痘《てんねんとう》

音記号

豆 トウ・（ズ）

教頭《きょうとう》の頭《トウ》
意味 ❷ あたま かしら

登頂《とうちょう》の登《トウ》
❸ のぼる あがる（会意）

天然痘《てんねんとう》の痘《トウ》
中 ほうそう

豆

豆乳《とうにゅう》・豆腐《とうふ》
納豆《なっとう》・大豆《だいず》

頭

頭角《とうかく》・頭目《とうもく》
店頭《てんとう》・頭上《ずじょう》

登

登記《とうき》・登場《とうじょう》
登録《とうろく》・登山《とざん》

痘

種痘《しゅとう》
天然痘《てんねんとう》

(食) しょくへん
ご飯《はん》で
(片) かたへん版《はん》画《が》
(貝) かいへん販《はん》売《ばい》
(木) きの黒《こく》板《ばん》

音記号

反

ハン・バン
ヘン

意味

ご飯《はん》の 飯 ハン
4 めし

版《はん》画《が》の 版 ハン
5 ふだ・いた はんぎ

販《はん》売《ばい》の 販 ハン
中 うる あきない

黒《こく》板《ばん》の 板 バン
3 いた

返《へん》事《じ》の 返 ヘン
3 かえる かえす

飯
飯《はん》店《てん》
米《べい》飯《はん》

版
出《しゅっ》版《ぱん》
木《もく》版《はん》

販
販《はん》路《ろ》
市《し》販《はん》

板
看《かん》板《ばん》
鉄《てっ》板《ぱん》

返
返《へん》送《そう》
返《へん》答《とう》

4 阪
阪《はん》神《しん》
京《けい》阪《はん》

（氵）さんずい波《は》紋《もん》
（石）いしへん破《は》談《だん》
（扌）てへんがついて
披《ひ》露《ろう》宴《えん》

音記号

皮

ヒ・ハ

意味

波《は》紋《もん》の
波　ハ
3　なみ

破《は》談《だん》の
破　ハ
5　やぶる
やぶれる

披《ひ》露《ろう》の
披　ヒ
中　ひらく
ひろげる

疲《ひ》労《ろう》の
疲　ヒ
中　つかれる

彼《ひ》岸《がん》の
彼　ヒ
中　かれ・かの
かなた

波
波《は》及《きゅう》・波《は》乱《らん》
脳《のう》波《は》・余《よ》波《は》

破
破《は》壊《かい》・破《は》格《かく》
破《は》顔《がん》・看《かん》破《ぱ》

披
披《ひ》見《けん》
披《ひ》瀝《れき》

疲
疲《ひ》弊《へい》
疲《ひ》労《ろう》

彼
彼《ひ》我《が》
彼《ひ》岸《がん》

（氵）さんずい油田《ゆでん》
（扌）てへんで抽選《ちゅうせん》
宇宙《うちゅう》のやねは
（宀）うかんむり

音記号

由

ユ・チュウ
テキ・ジク

意味

油田《ゆでん》の **油** ユ ③ あぶら

抽選《ちゅうせん》の **抽** チュウ 中 ぬく ひきだす

宇宙《うちゅう》の **宙** チュウ ⑥ そら

汽笛《きてき》の **笛** テキ ③ ふえ

車軸《しゃじく》の **軸** ジク 中 しんぼう かけじく

油
油性《ゆせい》・油断《ゆだん》
鉱油《こうゆ》・灯油《とうゆ》

抽
抽出《ちゅうしゅつ》
抽象《ちゅうしょう》

宙
宙返《ちゅうがえ》り
宙《ちゅう》づり

笛
汽笛《きてき》
警笛《けいてき》

軸
軸足《じくあし》
地軸《ちじく》

（言）ごんべん詳《しょう》細《さい》
（食）しょくは栄《えい》養《よう》
（氵）さんずいついて
太《たい》平《へい》洋《よう》

音記号

羊

ヨウ・ショウ

意味

詳《しょう》細《さい》の詳《ショウ》
中 くわしい
つまびらか

栄《えい》養《よう》の養《ヨウ》
④ やしなう
そだてる

太《たい》平《へい》洋《よう》の洋《ヨウ》
③ おおうみ
ひろい

発《はっ》祥《しょう》の祥《ショウ》
中 さいわい
しるし

詳

詳《しょう》解《かい》・詳《しょう》述《じゅつ》
不《ふ》詳《しょう》・未《み》詳《しょう》

養

養《よう》育《いく》・養《よう》成《せい》
教《きょう》養《よう》・静《せい》養《よう》

洋

洋《よう》書《しょ》・洋《よう》食《しょく》
遠《えん》洋《よう》・東《とう》洋《よう》

祥

吉《きっ》祥《しょう》・発《はっ》祥《しょう》
不《ふ》祥《しょう》事《じ》

(⺣)よってん猛烈《もうれつ》
(衣)ころもで破裂《はれつ》
(亻)にんべん
つけたら
例外《れいがい》だ

音記号

列

レツ・レイ

猛烈《もうれつ》の
烈《レツ》

破裂《はれつ》の
裂《レツ》

例外《れいがい》の
例《レイ》

意味

烈：はげしい　やく　中(会意)

裂：さく　きれ　中

例：たとえる　しきたり　4

列

列強《れっきょう》・列席《れっせき》
行列《ぎょうれつ》・並列《へいれつ》

烈

烈火《れっか》・強烈《きょうれつ》
激烈《げきれつ》・熱烈《ねつれつ》

裂

亀裂《きれつ》・決裂《けつれつ》
分裂《ぶんれつ》・支離滅裂《しりめつれつ》

例

例示《れいじ》・例題《れいだい》
慣例《かんれい》・条例《じょうれい》

音よみあそび② どの字が入る?

□に入る「コウ」は、どの漢字かな。

大通《おおどお》りの銀□《ぎんこう》のまえの□差点《こうさてん》をわたると、右がわが広い□園《こうえん》だ。

その□園《こうえん》のなかには、市立《しりつ》の□会堂《こうかいどう》と公立《こうりつ》の□業《こうぎょう》□校《こうこう》があって、その□堂《こうどう》では、ロボットの□造《こうぞう》についての□開□《こうかいこう》座《ざ》が開《ひら》かれている。

□園《こうえん》から港《みなと》に行くとちゅうの球場《きゅうじょう》では、プロ野球《やきゅう》の□式戦《こうしきせん》がおこなわれていて、いま、ドジャースが七回裏《うら》の□撃《こうげき》中《ちゅう》。港《みなと》の岸壁《がんぺき》には、外国□路《がいこくこうろ》の豪華船《ごうかせん》がとまっている。

それを見物《けんぶつ》したら、父の□物《こうぶつ》のシュウマイでも買って、ひさしぶりの親□行《おやこうこう》をしよう。

ヒントの漢字
同じものを何回使ってもいいよ。

校	攻	交	講	構	孝
公	高	航	工	好	行

音がかわる音記号《おんきごう》

同じ音の音記号《おんきごう》でも、
音が変化《へんか》することがある。
そのとき、
にている音にかわるよ。
声にだしてたしかめてみよう。

ホウ→ボウと
音がにごった!

音記号

方

放送《ほうそう》の	訪問《ほうもん》の	防水《ぼうすい》の	暖房《だんぼう》の
放 ホウ	訪 ホウ	防 ボウ	房 ボウ

ハン→バン、
ハン→ヘン!

音記号

反

ご飯《はん》の	版画《はんが》の	黒板《こくばん》の	返事《へんじ》の
飯 ハン	版 ハン	板 バン	返 ヘン

ガン、ギン、ゲン。
ガギグゲゴのなかでかわった！

音記号

艮

- 眼科《がんか》の **眼** ガン
- 銀貨《ぎんか》の **銀** ギン
- 限界《げんかい》の **限** ゲン

レイ→リョウ。
音がねじれた！

音記号

令

- 冷凍《れいとう》の **冷** レイ
- 零下《れいか》の **零** レイ
- 年齢《ねんれい》の **齢** レイ
- 領土《りょうど》の **領** リョウ

シュ→ジュウ→チュウ。
声にだすときの
口の形が同じだよ。

音記号

主

- 住居《じゅうきょ》の **住** ジュウ
- 注意《ちゅうい》の **注** チュウ
- 電柱《でんちゅう》の **柱** チュウ
- 駐車《ちゅうしゃ》の **駐** チュウ

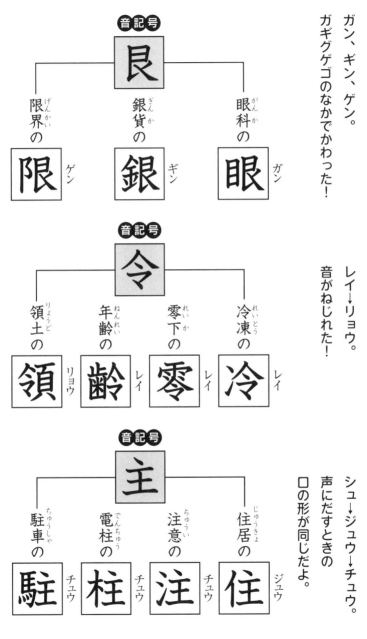

なぜ、二つ以上《いじょう》の音《おん》をもつ漢字《かんじ》があるのか

ふつう一つの漢字《かんじ》は、一つの音《おん》と、一つの訓《くん》をもっています。けれど、漢字のなかには、二つの音、ときには、三つ以上《いじょう》の音をもっているものがあります。

それは、中国から漢字をとりいれたとき、ほかの地方《ちほう》から、べつの時代《じだい》に、ちがう漢字の音をとりいれたからです。

はじめに日本に入ってきたのは「呉音《ごおん》」でした。日本人は五、六世紀《せいき》ごろ、揚子江《ようすこう》の下流《かりゅう》一帯《いったい》で使われているこの音をとりいれました。その後、七、八世紀ごろになって、黄河《こうが》の中流一帯で使われていた「漢音《かんおん》」が入ってきました。

平安時代《へいあんじだい》のはじめごろ、政府《せいふ》は、漢音《かんおん》が正しい音だとおふれをだしたりしたそうですが、すでに人びとのくらしのなかにまで入りこんでいた呉音《ごおん》を、なくすことはできませんでした。

こうして、いまでも二つ以上の漢字の音が使われているのです。

呉音		漢音
半分《ブン》	—	分《フン》別
頭《ズ》痛	—	先頭《トウ》
人《ニン》間	—	人《ジン》物
一生《ショウ》	—	生《セイ》命
正《ショウ》月	—	正《セイ》式
留《ル》守	—	留《リュウ》年
関西《サイ》	—	西《セイ》部
外《ゲ》科	—	外《ガイ》界

四年生の漢字の音記号

（石）いしの大《たい》砲《ほう》
（扌）てで抱《ほう》擁《よう》
（月）にくづき細《さい》胞《ぼう》
（氵）みずは水《すい》泡《ほう》

（木）きへん十《じゅう》字《じ》架《か》
ゲームに参《さん》加《か》
（貝）かいがついたら
年《ねん》賀《が》状《じょう》

音記号

加

カ・ガ

十字《じゅうじ》架《か》の

架

カ

年《ねん》賀《が》の

賀

ガ

意味

たな
かける
中

いわう
よろこぶ
4（会意）

加

加《か》工《こう》・加《か》熱《ねつ》
参《さん》加《か》・追《つい》加《か》

架

架《か》橋《きょう》・架《か》空《くう》
高《こう》架《か》・担《たん》架《か》

賀

賀《が》春《しゅん》・賀《が》正《しょう》
謹《きん》賀《が》・祝《しゅく》賀《が》

（言）ごんべん課《か》題《だい》
（艹）くさで菓《か》子《し》
（衤）ころもをぬいだら
裸《ら》体《たい》だね

音記号

果《カ・ラ》

課題《かだい》の課《カ》

意味

④ くぶん わりあてる

菓子《かし》の菓《カ》

中 くだもの かし

裸体《らたい》の裸《ラ》

中 はだか

果

果実《かじつ》・果断《かだん》
因果《いんが》・効果《こうか》

課

課外《かがい》・課税《かぜい》
課目《かもく》・日課《にっか》

菓

茶菓《さか》
銘菓《めいか》

裸

裸眼《らがん》・裸身《らしん》
全裸《ぜんら》・赤裸々《せきらら》

（門）もんは内閣《ないかく》
（木）きへんで合格《ごうかく》
旅客《りょかく》・金額《きんがく》・
連絡《れんらく》・通路《つうろ》

各

音記号
カク
ラク・ロ

内閣《ないかく》の 閣《カク》
合格《ごうかく》の 格《カク》
旅客《りょかく》の 客《カク》
連絡《れんらく》の 絡《ラク》
通路《つうろ》の 路《ロ》

意味
6 ごてん やくしょ
5 きまり くらい
3 きゃく たびびと （会意）
中 からむ つなぐ
3 みち

閣
閣議《かくぎ》・閣僚《かくりょう》
組閣《そかく》・仏閣《ぶっかく》

格
格闘《かくとう》・格別《かくべつ》
風格《ふうかく》・別格《べっかく》

絡
脈絡《みゃくらく》
連絡《れんらく》

路
路地《ろじ》・路線《ろせん》
帰路《きろ》・順路《じゅんろ》

(木)きへん棺《かん》おけ
(食)しょくへん旅《りょ》館《かん》
(竹)たけでつくった
管《かん》楽《がっ》器《き》

音記号

官《カン》

意味

棺《かん》おけの
棺《カン》
中 ひつぎ

旅《りょ》館《かん》の
館《カン》
3 やかた

管《かん》楽《がっ》器《き》の
管《カン》
4 くだ ふえ

官

官庁《かんちょう》・官能《かんのう》
器《き》官《かん》・教官《きょうかん》

棺

出棺《しゅっかん》
納棺《のうかん》

館

館長《かんちょう》・会館《かいかん》
映画館《えいがかん》・博物館《はくぶつかん》

管

管轄《かんかつ》・管理《かんり》
血管《けっかん》・保管《ほかん》

(王)おうへん球場《きゅうじょう》
(攵)むちで救出《きゅうしゅつ》
もとめる求《きゅう》の
要求《ようきゅう》だ

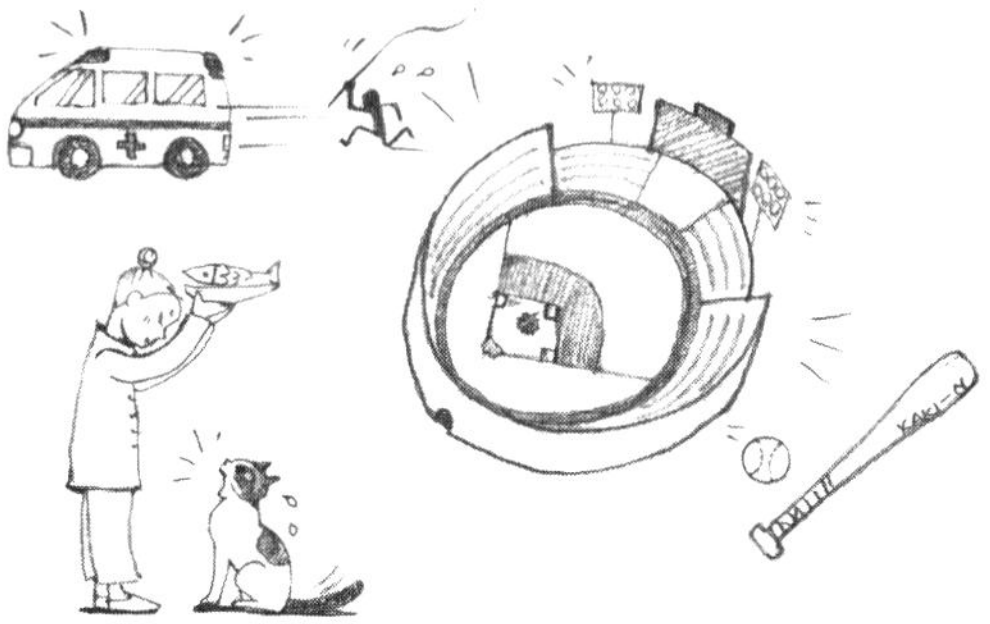

音記号

求《キユウ》

意味

球場《きゅうじょう》の
球《キユウ》
❸ たま

救出《きゅうしゅつ》の
救《キユウ》
❺ すくう たすけ (会意)

求

求婚《きゅうこん》・求職《きゅうしょく》
希求《ききゅう》・探求《たんきゅう》

球

球技《きゅうぎ》・球根《きゅうこん》
眼球《がんきゅう》・地球《ちきゅう》

救

救援《きゅうえん》・救急《きゅうきゅう》
救助《きゅうじょ》・救命《きゅうめい》

(亻)にんべん提供《ていきょう》
(⺗)こころは恭順《きょうじゅん》
(氵)さんずいついて
洪水《こうずい》だ

音記号

共

キヨウ・コウ

提供《ていきょう》の
供 キヨウ

恭順《きょうじゅん》の
恭 キヨウ

洪水《こうずい》の
洪 コウ

意味

❻ そなえる
とも

中 つつしむ
うやうやしい

中 おおみず

共

共演《きょうえん》・共感《きょうかん》
共存《きょうぞん》・公共《こうきょう》

供

供給《きょうきゅう》・供述《きょうじゅつ》
供与《きょうよ》・自供《じきょう》

恭

恭悦《きょうえつ》・恭賀《きょうが》
恭敬《きょうけい》・恭順《きょうじゅん》

洪

洪水《こうずい》

（辶）しんにゅう
週《しゅう》間《かん》
（言）ごんべん調《ちょう》子《し》
（彡）さんづくりでは
彫《ちょう》刻《こく》家《か》

音記号

周

シュウ
チョウ

意味

一週間《いっしゅうかん》の
週 シュウ
❷ めぐる

調子《ちょうし》の
調 チョウ
❸ ととのえる
しらべる

彫刻《ちょうこく》の
彫 チョウ
ほる
かざる
中（会意）

周

周囲《しゅうい》・周期《しゅうき》
周知《しゅうち》・円周《えんしゅう》

週

週刊《しゅうかん》・週末《しゅうまつ》
隔週《かくしゅう》・毎週《まいしゅう》

調

調査《ちょうさ》・調整《ちょうせい》
調理《ちょうり》・快調《かいちょう》

彫

彫金《ちょうきん》・彫塑《ちょうそ》
彫像《ちょうぞう》・木彫《もくちょう》

（土）つちで城壁《じょうへき》
（言）ことばは
誠実《せいじつ》
（皿）さらにごちそう
盛大《せいだい》に

音記号

成

セイ・ジョウ

意味

城壁《じょうへき》の**城**《ジョウ》
❹ しろ

誠実《せいじつ》の**誠**《セイ》
❻ まこと まごころ

盛大《せいだい》の**盛**《セイ》
❻ もる さかん

成

成人《せいじん》・成長《せいちょう》
完成《かんせい》・賛成《さんせい》

城

城主《じょうしゅ》・城門《じょうもん》
牙城《がじょう》・築城《ちくじょう》

誠

誠意《せいい》・誠心《せいしん》
丹誠《たんせい》・忠誠《ちゅうせい》

盛

盛観《せいかん》・盛況《せいきょう》
全盛《ぜんせい》・繁盛《はんじょう》

(言)ことばで
宣《せん》誓《せい》
(辶)しんにゅう逝《せい》去《きょ》
(口)くちがついたら
哲《てつ》学《がく》者《しゃ》

音記号

折

(セツ)
セイ・テツ

宣《せん》誓《せい》の
誓《セイ》

逝《せい》去《きょ》の
逝《セイ》

哲《てつ》学《がく》者《しゃ》の
哲《テツ》

意味

中 ちかう
つげる

中 ゆく
しぬ

中 さとる
かしこい

折

折《せっ》衷《ちゅう》・折《せっ》半《ぱん》
屈《くっ》折《せつ》・骨《こっ》折《せつ》

誓

誓《せい》願《がん》・誓《せい》言《ごん》
誓《せい》文《もん》・誓《せい》約《やく》

逝

逝《せい》去《きょ》・急《きゅう》逝《せい》
長《ちょう》逝《せい》・夭《よう》逝《せい》

哲

哲《てつ》人《じん》・哲《てつ》理《り》
賢《けん》哲《てつ》・先《せん》哲《てつ》

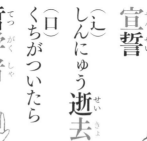

（𧾷）あしで跳《ちょう》躍《やく》
（扌）てへんで挑《ちょう》戦《せん》
（辶）しんにゅう
つけて
逃《に》げていく

音記号

兆 チョウ・トウ

意味

跳《ちょう》躍《やく》の 跳《チョウ》
中 はねる とぶ

挑《ちょう》戦《せん》の 挑《チョウ》
中 いどむ しかける

逃《とう》走《そう》の 逃《トウ》
中 のがれる にげる

白《はく》桃《とう》の 桃《トウ》
中 もも

跳

跳《ちょう》馬《ば》・跳《ちょう》躍《やく》
跳《ちょう》力《りょく》

挑

挑《ちょう》戦《せん》
挑《ちょう》発《はつ》

逃

逃《とう》散《さん》・逃《とう》走《そう》
逃《とう》避《ひ》・逃《とう》亡《ぼう》

桃

桃《とう》源《げん》郷《きょう》
桜《おう》桃《とう》・白《はく》桃《とう》

(肉)にくつく豆腐《とうふ》
(阝)こざとは附近《ふきん》
(广)まだれがついて
大阪府《おおさかふ》

音記号

付 フ

意味

- 豆腐《とうふ》の **腐** フ　中 くさる
- 附近《ふきん》の **附**(付) フ　中 つく つける
- 大阪府《おおさかふ》の **府** フ　4 やくしょ みやこ
- 符合《ふごう》の **符** フ　中 わりふ ふだ

腐
腐臭《ふしゅう》・腐敗《ふはい》
陳腐《ちんぷ》・防腐《ぼうふ》

附
附記《ふき》(付記《ふき》)
附属《ふぞく》(付属《ふぞく》)

府
政府《せいふ》・幕府《ばくふ》
京都府《きょうとふ》

符
符号《ふごう》・符丁《ふちょう》
音符《おんぷ》・切符《きっぷ》

(石)いしの大砲《たいほう》

(扌)てで抱擁《ほうよう》

(月)にくづき細胞《さいぼう》

(氵)みずは水泡《すいほう》

音記号

包

ホウ(ボウ)

意味

大砲《たいほう》の砲《ホウ》　中 おおづつ

抱擁《ほうよう》の抱《ホウ》　中 だく　いだく

細胞《さいぼう》の胞《ボウ》　中 えな　はらから

水泡《すいほう》の泡《ホウ》　中 あわ　あぶく

飽食《ほうしょく》の飽《ホウ》　中 あきる　みちたる

砲

砲火《ほうか》・砲丸《ほうがん》

鉄砲《てっぽう》・発砲《はっぽう》

抱

抱負《ほうふ》・介抱《かいほう》

抱腹絶倒《ほうふくぜっとう》

胞

胞衣《ほうい》・胞子《ほうし》

細胞《さいぼう》・同胞《どうほう》

泡

泡沫《ほうまつ》・気泡《きほう》

水泡《すいほう》・発泡《はっぽう》

（氵）さんずい波《は》浪《ろう》で
（月）つき明《めい》朗《ろう》
（广）まだれの
ついた
廊《ろう》下《か》だよ

音記号

良

（リョウ）ロウ

波《は》浪《ろう》の **浪** ロウ
意味 中 なみ・みだれる

明《めい》朗《ろう》の **朗** ロウ
6 ほがらか・あきらか

廊《ろう》下《か》の **廊** ロウ
中 ろうか・ひさし

太《た》郎《ろう》の **郎** ロウ
中 おとこ

浪

浪《ろう》曲《きょく》・浪《ろう》費《ひ》
放《ほう》浪《ろう》・流《る》浪《ろう》

朗

朗《ろう》読《どく》・朗《ろう》報《ほう》
晴《せい》朗《ろう》・朗《ろう》々《ろう》

廊

廊《ろう》下《か》・回《かい》廊《ろう》
画《が》廊《ろう》

郎

新《しん》郎《ろう》・野《や》郎《ろう》
一《いち》族《ぞく》郎《ろう》党《とう》

（⻗）あめは零《れい》点《てん》

（歯）はは年《ねん》齢《れい》

（冫）にすいつけたら

冷《れい》凍《とう》庫《こ》

音記号

令

レイ・リョウ

意味

零点《れいてん》の 零《レイ》 中 ゼロ おちる

年齢《ねんれい》の 齢《レイ》 中 とし

冷凍《れいとう》の 冷《レイ》 4 つめたい ひえる

占領《せんりょう》の 領《リョウ》 5 くび・えり おさめる

零

零下《れいか》・零細《れいさい》

零度《れいど》・零落《れいらく》

齢

高齢《こうれい》・樹齢《じゅれい》

適齢《てきれい》・妙齢《みょうれい》

冷

冷気《れいき》・冷酷《れいこく》

冷静《れいせい》・寒冷《かんれい》

領

領収《りょうしゅう》・領地《りょうち》

本領《ほんりょう》・要領《ようりょう》

音よみあそび③　ごろあわせ文を読んでみよう

一億人《いちおくにん》の臆病者《おくびょうもの》の記憶《きおく》。

旅館《りょかん》の管理《かんり》で出棺《しゅっかん》する。

各種《かくしゅ》の運動《うんどう》と労働《ろうどう》。

側面《そくめん》を測量《そくりょう》する規則《きそく》。

湖畔《こはん》に判事《はんじ》さんを同伴《どうはん》する。

大阪府《おおさかふ》付近《ふきん》の豆腐屋《とうふや》さん。

加藤《かとう》さんからの架空《かくう》の年賀状《ねんがじょう》。

誓約書《せいやくしょ》をださずに急逝《きゅうせい》した哲学者《てつがくしゃ》。

晩霜《ばんそう》を予想《よそう》して百葉箱《ひゃくようそう》をつくる。

植物《しょくぶつ》の価値《かち》をはかる装置《そうち》。

調子《ちょうし》よく彫刻《ちょうこく》は一週間《いっしゅうかん》でできた。

猛烈《もうれつ》に破裂《はれつ》した前例《ぜんれい》がある。

音よみあそび④

同じ音記号《おんきごう》の漢字《かんじ》が入ります

音記号…古

□《く》心《しん》して□《こ》木《ぼく》に彫刻《ちょうこく》し、
□《こ》定《てい》しておいたのが、
ころがりおちて、
事《じ》□《こ》をおこしてしまった。
それで、□月《こ》畔《はん》にたたずんでいる。

ヒントの部首　口　木　攵　艹　氵

音記号…者

□《しょ》君《くん》！
□《しょ》中《ちゅう》、ごくろうさん。
□《と》会《かい》には警察《けいさつ》□《しょ》もあり、
□《ちょ》名《めい》な病院《びょういん》もある。
情《じょう》□《ちょ》不安定《ふあんてい》にならぬよう、
ものはよく□《しゃ》沸《ふつ》して食《た》べよう。

ヒントの部首　灬　日　罒　言　糸　艹　阝

もう一つのあわせ漢字《かんじ》

何千もある漢字《かんじ》の八〇パーセント以上《いじょう》が、部首《ぶしゅ》＋音記号《おんきごう》からできた形声文字《けいせいもじ》なんだ。

でも、あわせ漢字には、べつのしくみでできているものもある。

たとえば、田＋力で「男」、木＋木＋木で「森」といった字だ。

これらは、二つ以上の文字を組み合わせ、もとの文字の形と意味《いみ》をいかして合成《ごうせい》し、新しい意味をあらわしている。こうした文字を会意文字《かいいもじ》というよ。

会意文字

日 月 → 明 あか－るい

耳 又 → 取 と－る

自 ＋ 心 → 息 いき

隹 ＋ 木 → 集 あつ－まる

なりたち

日は、ここではまどの形。まどから**月**の光がさしこんで**明**るい。

又は手の形。**耳**を**手**で**取**《と》ること。古代《こだい》のいくさのならわしからできた字。

自は、顔の「はな」からできた字。**自**（はな）と**心**で、**息**《いき》。

隹は、とり。**木**に**隹**がたくさん**集**《あつ》まっていることをあらわした字。

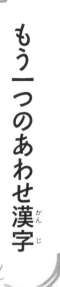

五・六年生の漢字の音記号

(糸)
いとへん世《せい》紀《き》で
(走)
そうにょう起《き》立《りつ》
(言)
ごんべんつけて
記《き》録《ろく》する

(氵)さんずい河《か》口《こう》
歌《か》手《しゅ》(欠)あくび
(艹)くさかんむりで
出《しゅっ》荷《か》する

音記号

可

カ

意味

河口《かこう》の
河
カ
❺ かわ

歌手《かしゅ》の
歌
カ
❷ うたう
うた

出荷《しゅっか》の
荷
カ
❸ にもつ
になう

幾何学《きかがく》の
何
カ
❷ なに

河

河川《かせん》・河原《かわら》
運河《うんが》・氷河《ひょうが》

歌

歌唱《かしょう》・歌謡《かよう》
短歌《たんか》・牧歌《ぼっか》

荷

荷重《かじゅう》・荷担《かたん》
集荷《しゅうか》・入荷《にゅうか》

何

幾何学《きかがく》
誰何《すいか》

（言）ごんべん会議《かいぎ》で
（亻）にんべん儀式《ぎしき》
（牛）うしへんついて
犠牲《ぎせい》だよ

音記号

義 ギ

会議《かいぎ》の議 ギ

儀式《ぎしき》の儀 ギ

犠牲《ぎせい》の犠 ギ

意味

4 そうだん いけん

中 さほう ことがら

中 いけにえ

義

義務《ぎむ》・義理《ぎり》

意義《いぎ》・講義《こうぎ》

議

議員《ぎいん》・議論《ぎろん》

協議《きょうぎ》・争議《そうぎ》

儀

儀礼《ぎれい》・祝儀《しゅうぎ》

地球儀《ちきゅうぎ》・流儀《りゅうぎ》

犠

犠牲《ぎせい》

犠打《ぎだ》

（亻）にんべん仕《し》事《ごと》
（言）ごんべん日《にっ》誌《し》
（心）こころがついて
大《たい》志《し》をいだく

音記号

士 シ

仕《し》事《ごと》の
仕 シ

日《にっ》誌《し》の
誌 シ

大《たい》志《し》の
志 シ

意味

③ つかえる
⑥ かきしるす
⑤ こころざし

士

士《し》気《き》・武《ぶ》士《し》
弁《べん》護《ご》士《し》・力《りき》士《し》

仕

仕《し》組《く》み・仕《し》様《よう》
給《きゅう》仕《じ》・奉《ほう》仕《し》

誌

誌《し》上《じょう》・誌《し》面《めん》
雑《ざっ》誌《し》・日《にっ》誌《し》

志

志《し》願《がん》・志《し》望《ぼう》
意《い》志《し》・闘《とう》志《し》

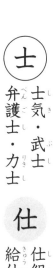

(禾)のぎへん面積《めんせき》
(亻)にんべん負債《ふさい》
(糸)いとをつむいで
成績《せいせき》あげる

音記号

責

セキ・サイ

意味

面積《めんせき》の
積 セキ
❹ つむ つもる

負債《ふさい》の
債 サイ
中 かり

成績《せいせき》の
績 セキ
❺ つむぐ てがら

責

責任《せきにん》・責務《せきむ》
自責《じせき》・重責《じゅうせき》

積

積極的《せっきょくてき》・積雪《せきせつ》
体積《たいせき》・容積《ようせき》

債

債権《さいけん》・債務《さいむ》
公債《こうさい》・国債《こくさい》

績

功績《こうせき》・業績《ぎょうせき》
実績《じっせき》・紡績《ぼうせき》

校則《こうそく》に
（亻）にんべんつくと
側面《そくめん》で
（氵）さんずいついて
測量《そくりょう》となる

音記号

則 ソク

側面《そくめん》の
側 ソク

測量《そくりょう》の
測 ソク

意味

④ かたがわ
そば

⑤ はかる
おしはかる

則

規則《きそく》・原則《げんそく》
鉄則《てっそく》・反則《はんそく》

側

側近《そっきん》・側聞《そくぶん》
側壁《そくへき》・側面《そくめん》

測

測定《そくてい》・観測《かんそく》
推測《すいそく》・予測《よそく》

(心)こころで悲鳴《ひめい》
(亻)にんべん俳句《はいく》
(車)くるまの先輩《せんぱい》
(扌)てへんで排斥《はいせき》

音記号

非 ヒ・ハイ

意味

悲鳴《ひめい》の悲 ヒ
❸ かなしみ なげく

俳句《はいく》の俳 ハイ
❻ たわむれ はいく

先輩《せんぱい》の輩 ハイ
中 なかま やから

排斥《はいせき》の排 ハイ
中 おしのける ならぶ

悲
悲観《ひかん》・悲願《ひがん》
悲痛《ひつう》・慈悲《じひ》

俳
俳句《はいく》・俳号《はいごう》
俳人《はいじん》・俳優《はいゆう》

輩
輩出《はいしゅつ》・後輩《こうはい》
若輩《じゃくはい》・同輩《どうはい》

排
排気《はいき》・排出《はいしゅつ》
排除《はいじょ》・排便《はいべん》

(辶)しんにゅう途中《とちゅう》
(土)つち塗料《とりょう》
(阝)こざとは除外《じょがい》で
(亻)みち徐行《じょこう》

音記号

余 (ヨ) ジョ・ト

意味

途中《とちゅう》の途《ト》 中 みち みちすじ

塗料《とりょう》の塗《ト》 中 ぬる どろ

除外《じょがい》の除《ジョ》 6 のぞく

徐行《じょこう》の徐《ジョ》 中 ゆっくり

余

余談《よだん》・余地《よち》
余熱《よねつ》・余白《よはく》

途

途上《とじょう》
用途《ようと》

塗

塗装《とそう》
塗布《とふ》

除

除去《じょきょ》
解除《かいじょ》

徐

徐行《じょこう》
徐々《じょじょ》に

（刂）りっとう朝刊《ちょうかん》
（氵）さんずい発汗《はっかん》
（月）にくづきついたら
肝臓《かんぞう》だ

音記号

干《カン》

朝刊《ちょうかん》の
刊《カン》

発汗《はっかん》の
汗《カン》

肝臓《かんぞう》の
肝《カン》

意味

刊：けずる 出版する ⑤

汗：あせ 中

肝：きも まごころ 中

干

干渉《かんしょう》・干潮《かんちょう》
干満《かんまん》・若干《じゃっかん》

刊

刊行《かんこう》・新刊《しんかん》
創刊《そうかん》・増刊《ぞうかん》

汗

汗顔《かんがん》・汗腺《かんせん》
発汗《はっかん》・流汗《りゅうかん》

肝

肝炎《かんえん》・肝心《かんじん》
肝腎《かんじん》・肝要《かんよう》

（糸）いとへん世《せい》紀《き》で
（走）そうにょう起《き》立《りつ》
（言）ごんべんつけて
記《き》録《ろく》する

音記号

己　キ

意味

世《せい》紀《き》の紀　キ
⑤のり　しるす

起《き》立《りつ》の起　キ
③おきる

記《き》録《ろく》の記　キ
②しるす

忌《き》中《ちゅう》の忌　キ
中　いむ　つつしむ

紀

紀《き》元《げん》・紀《き》行《こう》
紀《き》要《よう》・風《ふう》紀《き》

起

起《き》源《げん》・起《き》床《しょう》
決《けっ》起《き》・想《そう》起《き》

記

記《き》号《ごう》・記《き》述《じゅつ》
暗《あん》記《き》・伝《でん》記《き》

忌

忌《き》日《じつ》・忌《き》避《ひ》
回《かい》忌《き》・禁《きん》忌《き》

（心）こころ忘却《ぼうきゃく》
（目）めは盲点《もうてん》
（忄）りっしんべんで
多忙《たぼう》だよ

音記号

亡

ボウ・モウ

意味

忘却《ぼうきゃく》の忘《ボウ》
❻ わすれる

盲点《もうてん》の盲《モウ》
中 めしい くらい

多忙《たぼう》の忙《ボウ》
中 いそがしい あわただしい

希望《きぼう》の望《ボウ》
❹ のぞむ ねがう

忘

忘失《ぼうしつ》・忘年会《ぼうねんかい》
健忘《けんぼう》・備忘《びぼう》

盲

盲愛《もうあい》・盲従《もうじゅう》
盲信《もうしん》・盲進《もうしん》

忙

忙殺《ぼうさつ》
繁忙《はんぼう》

望

望遠鏡《ぼうえんきょう》・望外《ぼうがい》
展望《てんぼう》・欲望《よくぼう》

知らない漢字《かんじ》も読める！

音記号《おんきごう》の漢字《かんじ》がわかれば、習《なら》っていない漢字も、きっと読めるよ。

左がわかれば、佐がよめる！

左右《さゆう》の サ
左 ❶
大佐《たいさ》の サ
佐 新❹

名人《めいじん》の メイ
名 ❶
銘酒《めいしゅ》の メイ
銘 中

元日《がんじつ》の ガン
元 ❷
頑固《がんこ》の ガン
頑 中

切断《せつだん》の セツ
切 ❷
窃盗《せっとう》の セツ
窃 中

晩秋《ばんしゅう》の シュウ
秋 ❷
旅愁《りょしゅう》の シュウ
愁 中

知識《ちしき》の チ
知 ❷
音痴《おんち》の チ
痴 中

区別《くべつ》の ク
区 ❸
駆使《くし》の ク
駆 中

県庁《けんちょう》の ケン
県 ❸
懸賞《けんしょう》の ケン
懸 中

取材《しゅざい》の シュ
取 ❸
趣味《しゅみ》の シュ
趣 中

乗車《じょうしゃ》の ジョウ
乗 ❸
過剰《かじょう》の ジョウ
剰 中

農業《のうぎょう》の ノウ
農 ❸
濃度《のうど》の ノウ
濃 中

包帯《ほうたい》の タイ
帯 ❹
滞在《たいざい》の タイ
滞 中

夫妻《ふさい》の
フ
夫
❹

扶養《ふよう》の
フ
扶
㊥

国民《こくみん》の
ミン
民
❹

睡眠《すいみん》の
ミン
眠
㊥

重要《じゅうよう》の
ヨウ
要
❹

腰痛《ようつう》の
ヨウ
腰
㊥

分量《ぶんりょう》の
リョウ
量
❹

食糧《しょくりょう》の
リョウ
糧
㊥

禁止《きんし》の
キン
禁
❺

胸襟《きょうきん》の
キン
襟
㊥

布巾《ふきん》の
フ
布
❺

恐怖《きょうふ》の
フ
怖
㊥

大将《たいしょう》の
ショウ
将
❻

奨励《しょうれい》の
ショウ
奨
㊥

善悪《ぜんあく》の
ゼン
善
❻

修繕《しゅうぜん》の
ゼン
繕
㊥

形声文字《けいせいもじ》を音記号《おんきごう》より先に習《なら》う場合《ばあい》もあるよ。

紹介《しょうかい》の
カイ
介
㊥

世界《せかい》の
カイ
界
❸

皆勤《かいきん》の
カイ
皆
㊥

階段《かいだん》の
カイ
階
❸

召集《しょうしゅう》の
ショウ
召
㊥

昭和《しょうわ》の
ショウ
昭
❸

幾何《きか》の
キ
幾
㊥

機械《きかい》の
キ
機
❹

貫通《かんつう》の
カン
貫
㊥

習慣《しゅうかん》の
カン
慣
❺

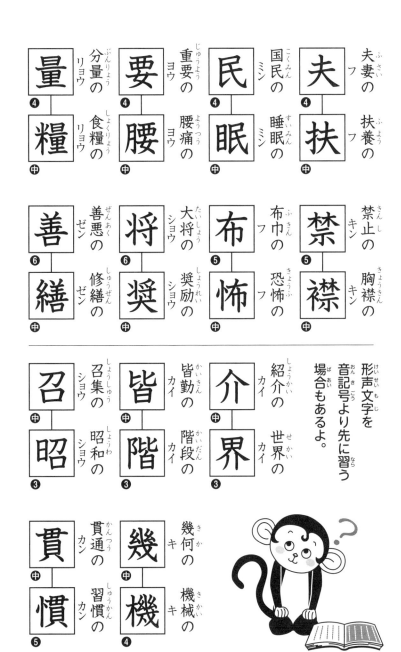

蝶《チョウ》と鳥《チョウ》——二つのチョウ

古い中国では、蝶《ちょう》のことをデプ、鳥のことをティアウのように発音《はつおん》していたらしい。なにしろ大昔《おおむかし》のことだから、はっきりしたことはわからない。なのに、なぜ、そんな想像《そうぞう》ができるのかといえば、いまから千五百年くらいまえ、日本人はデプを「てふ」、ティアウを「てう」という音《おん》にして、日本語のなかにとりいれた。そして、この「てふ」（蝶）や「てう」（鳥）という音は、漢字《かんじ》といっしょに、それからずっと、日本で使《つか》われつづけてきたからだ。書くときにも、「てふ」「てう」と書いた。

ただ、「てふ」や「てう」を区別《くべつ》して発音することは、日本人にとって難《むずか》しかったので、いつのまにか、どちらも「ちょう」という同じ音で言うようになった。それで、いまから七十年ほどまえ、発音どおりに「ちょう」と書くように決められたんだ。日本語には、こうしたことばがいくつもある。

こうして、漢字といっしょにとりいれた中国語のいくつかの音は、やがて同じ音になり、同じ音の漢字（同音字《どうおんじ》）がたくさんふえることにもなったんだ。

中学校以上で習う漢字の音記号

(手)てで摩擦《まさつ》
(石)いしは研磨《けんま》で
(鬼)おにがついたら
邪魔《じゃま》になる

(刂)かたなで彫刻《ちょうこく》
(木)きへんは核《かく》で
(言)ごんべんつくと
該当《がいとう》だ

音記号

亥

ガイ
カク・コク
名

彫刻《ちょうこく》の
刻 コク
意味 きざむ・とき きびしい 6

核実験《かくじっけん》の
核 カク
中 たね かなめ

該当《がいとう》の
該 ガイ
中 そなわる あてはまる

弾劾《だんがい》の
劾 ガイ
中 せめる しらべる

骸骨《がいこつ》の
骸 ガイ
中 むくろ なきがら

亥
丶 亠 亥

刻
刻印《こくいん》・刻限《こくげん》
時刻《じこく》・深刻《しんこく》

核
核心《かくしん》・中核《ちゅうかく》
核燃料《かくねんりょう》

該
該当《がいとう》
該博《がいはく》

骸
骸骨《がいこつ》
形骸《けいがい》

(舟)ふねは軍《ぐん》艦《かん》
(金)かねへん印《いん》鑑《かん》
(氵)さんずいついて
大《だい》氾《はん》濫《らん》

音記号

監

カン・ラン

意味

監督《かんとく》の
監《カン》
中 みる
かがみ

軍艦《ぐんかん》の
艦《カン》
中 いくさぶね

印鑑《いんかん》の
鑑《カン》
中 かんがみる
みる

氾濫《はんらん》の
濫《ラン》
中 あふれる
みだりに

監

監禁《かんきん》・監査《かんさ》
監視《かんし》・収監《しゅうかん》

艦

艦隊《かんたい》
戦艦《せんかん》

鑑

鑑賞《かんしょう》
鑑定《かんてい》

濫

濫読《らんどく》
濫用《らんよう》

（土）つちが基本《きほん》で
（月）つき期日《きじつ》
将棋《しょうぎ》のこまは
（木）きでつくる

音記号

其　キ・ギ

名

意味

基本《きほん》の基　キ　5 もと もとい

期日《きじつ》の期　キ　3 とき まつ

将棋《しょうぎ》の棋　ギ　中 ごしょうぎ

国旗《こっき》の旗　キ　4 はた

詐欺《さぎ》の欺　ギ　中 あざむく いつわる

基
基準《きじゅん》・基礎《きそ》
基調《きちょう》・塩基《えんき》

期
期間《きかん》・期待《きたい》
画期的《かっきてき》・周期《しゅうき》

棋
棋士《きし》
棋譜《きふ》

旗
旗手《きしゅ》
校旗《こうき》

欺
欺瞞《ぎまん》
詐欺《さぎ》

（扌）てへんの拒否《きょひ》は
こばむこと
（⻊）あしへん
つけて
みちのりの距離《きょり》

音記号

巨 キヨ

巨大《きょだい》の巨 キヨ
拒否《きょひ》の拒 キヨ
距離《きょり》の距 キヨ

意味
中 おおきい おおい
中 こばむ ふせぐ
中 へだてる

巨

一 厂 F 戸 巨

巨額《きょがく》・巨匠《きょしょう》
巨人《きょじん》・巨万《きょまん》

拒

拒食《きょしょく》・拒絶《きょぜつ》
拒否《きょひ》・抗拒《こうきょ》

距

距離《きょり》

（言）ごんべん謙《けん》譲《じょう》
（广）まだれは清《せい》廉《れん》
（女）おんながついて
嫌《けん》煙《えん》だ

音記号

兼 ケン・レン

意味

兼用《けんよう》の兼《ケン》
中 かねる あわせもつ

謙譲《けんじょう》の謙《ケン》
中 つつしむ ゆずる

清廉《せいれん》の廉《レン》
中 いさぎよい やすい

嫌煙《けんえん》の嫌《ケン》
中 きらう いや

兼

兼業《けんぎょう》・兼任《けんにん》
兼務《けんむ》・兼用《けんよう》

謙

謙虚《けんきょ》
謙遜《けんそん》

廉

廉価《れんか》
清廉潔白《せいれんけっぱく》

嫌

嫌悪《けんお》
嫌疑《けんぎ》

（艹）くさは山菜《さんさい》
（扌）てへんで採集《さいしゅう》
（彡）さんづくりだと
水彩画《すいさいが》

音記号

采 サイ

意味

采配《さいはい》の
采 サイ
中 とる いろ

山菜《さんさい》の
菜 サイ
4 な やさい

採集《さいしゅう》の
採 サイ
5 とる

水彩《すいさい》の
彩 サイ
中 いろどり

采
采配《さいはい》
風采《ふうさい》

菜
菜園《さいえん》・菜食《さいしょく》
白菜《はくさい》・野菜《やさい》

採
採決《さいけつ》・採光《さいこう》
採用《さいよう》・伐採《ばっさい》

彩
彩色《さいしょく》・彩度《さいど》
色彩《しきさい》・多彩《たさい》

（扌）てへんで招《しょう》待《たい》
（日）にちへん昭《しょう》和《わ》
（糸）いとへん
つけて
紹《しょう》介《かい》する

音記号

召

ショウ
チョウ

意味

招待《しょうたい》の **招** ショウ ⑤ まねく

昭和《しょうわ》の **昭** ショウ ③ あきらか

紹介《しょうかい》の **紹** ショウ 中 ひきつぐ うけつぐ

超過《ちょうか》の **超** チョウ 中 こえる はるかに

照明《しょうめい》の **照** ショウ ④ てる てらす

招

招集《しょうしゅう》・招致《しょうち》
招聘《しょうへい》・招来《しょうらい》

紹

紹介《しょうかい》
紹述《しょうじゅつ》

超

超越《ちょうえつ》・超過《ちょうか》
超人《ちょうじん》・超絶《ちょうぜつ》

照

照応《しょうおう》・照合《しょうごう》
参照《さんしょう》・日照《にっしょう》

(貝)かいは賞《しょう》品《ひん》
(手)てで車《しゃ》掌《しょう》
(巾)はばへんついて
非《ひ》常《じょう》口《ぐち》

音記号

尚

ショウ・ジョウ
トウ・ドウ

賞品《しょうひん》の賞 ショウ

車掌《しゃしょう》の掌 ショウ

非常口《ひじょうぐち》の常 ジョウ

政党《せいとう》の党 トウ

講堂《こうどう》の堂 ドウ

意味

賞 5 ほめる ほうび

掌 中 てのひら つかさどる

常 5 つねに ひごろ

党 6 なかま

堂 5 たかどの

賞

賞金《しょうきん》・賞賛《しょうさん》
観賞《かんしょう》・激賞《げきしょう》

掌

掌握《しょうあく》
掌中《しょうちゅう》

常

常温《じょうおん》・常識《じょうしき》
異常《いじょう》・日常《にちじょう》

党

党首《とうしゅ》
徒党《ととう》

堂

一堂《いちどう》
食堂《しょくどう》

(扌)てへんで振《しん》動《どう》
(⻗)あめでは地《じ》震《しん》
(女)おんなへんでは
妊《にん》娠《しん》だ

音記号

辰《シン》

名

意味

戊《ぼ》辰《しん》の
辰《シン》
名 十二支の たつ

振《しん》動《どう》の
振《シン》
中 ふる ふり

地《じ》震《しん》の
震《シン》
中 ふるえる おののく

妊《にん》娠《しん》の
娠《シン》
中 はらむ みごもる

辰

一 厂 厂 戸 尼 尼 辰

振

振《しん》興《こう》・振《しん》幅《ぷく》
三《さん》振《しん》・不《ふ》振《しん》

震

震《しん》源《げん》・震《しん》災《さい》
震《しん》度《ど》・耐《たい》震《しん》

娠

妊《にん》娠《しん》

（灬）よってん百《ひゃく》点《てん》
（广）まだれは商《しょう》店《てん》
（米）こめへんつけると
粘《ねん》土《ど》だよ

音記号

占

セン
テン・ネン

意味

独占《どくせん》の**占**セン
中 うらなう しめる

百点《ひゃくてん》の**点**テン
❷ しるし ともす

商店《しょうてん》の**店**テン
❷ みせ

粘土《ねんど》の**粘**ネン
中 ねばる

占
占《せん》星《せい》術《じゅつ》・占《せん》有《ゆう》
占《せん》領《りょう》・独《どく》占《せん》

点
点《てん》火《か》・点《てん》検《けん》
句《く》読《とう》点《てん》・重《じゅう》点《てん》

店
店《てん》頭《とう》・店《てん》舗《ぽ》
開《かい》店《てん》・売《ばい》店《てん》

粘
粘《ねん》液《えき》・粘《ねん》性《せい》
粘《ねん》着《ちゃく》・粘《ねん》膜《まく》

(土)つちへん増加《ぞうか》で
(亻)にんべん僧侶《そうりょ》
(尸)しかばね地層《ちそう》で
(貝)かいへん寄贈《きぞう》

音記号

曽

ソウ・ゾウ

意味

増加《ぞうか》の 増 ゾウ　5 ます ふえる

僧侶《そうりょ》の 僧 ソウ　中 ぼうさん

地層《ちそう》の 層 ソウ　6 かさなる

寄贈《きぞう》の 贈 ゾウ　中 おくる

愛憎《あいぞう》の 憎 ゾウ　中 にくむ

曽

増

増減《ぞうげん》・増長《ぞうちょう》
急増《きゅうぞう》・倍増《ばいぞう》

層

階層《かいそう》・高層《こうそう》
深層《しんそう》・表層《ひょうそう》

贈

贈呈《ぞうてい》
贈与《ぞうよ》

憎

憎悪《ぞうお》
愛憎《あいぞう》

（手）てで摩擦《まさつ》
（石）いしは研磨《けんま》で
（鬼）おにがついたら
邪魔《じゃま》になる

音記号

麻 マ

意味

麻酔《ますい》の麻 マ
中 あさ しびれる

摩擦《まさつ》の摩 マ
中 こする みがく

研磨《けんま》の磨 マ
中 みがく

邪魔《じゃま》の魔 マ
中 おに

麻

亠 广 床 麻

麻痺《まひ》
麻薬《まやく》

摩

摩擦《まさつ》
按摩《あんま》

磨

研磨《けんま》
百戦錬磨《ひゃくせんれんま》

魔

魔術《まじゅつ》・魔法《まほう》
魔力《まりょく》・悪魔《あくま》

今晩《こんばん》
免許《めんきょ》をとる
勉強《べんきょう》だ

音記号

免

メン
ベン・バン

免許《めんきょ》の免　メン

今晩《こんばん》の晩　バン

勉強《べんきょう》の勉　ベン

意味

中　まぬかれる　ゆるす

❻　ひぐれ　おそい

❸　つとめる　はげむ

免

免疫《めんえき》・免除《めんじょ》
免税《めんぜい》・放免《ほうめん》

晩

晩夏《ばんか》・晩年《ばんねん》
昨晩《さくばん》・早晩《そうばん》

勉

勉学《べんがく》・勉強《べんきょう》
勉励《べんれい》・勤勉《きんべん》

音《おん》だけあらわす音《おん》記《き》号《ごう》、意《い》味《み》ももつ音記号

音《おん》記《き》号《ごう》は、音《おん》をあらわす部分《ぶぶん》。もちろん、そのとおり。ただし、音記号のなかには、音だけをあらわす音記号と、もともとの形の意味をもっている音記号とがある。

たとえば、花《カ》・草《ソウ》・洋《ヨウ》・紅《コウ》の音記号（化《カ》・早《ソウ》・羊《ヨウ》・工《コウ》）は、ただ音をあらわすだけの役目《やくめ》だ。

いっぽう、「柱《チュウ》・住《ジュウ》・注《チュウ》」の音記号（主《シュ》）や、「菜《サイ》・採《サイ》・彩《サイ》」の音記号（采《サイ》）は、もとの意味をひきついでいる。「采《サイ》」について見てみよう。

もとの形

采 サイ

木の実《み》を手でつみとる形。

菜 サイ・な

采＋艸（艹）

つみとって食べる「野菜」の**菜**。

採 サイ・と―る

采＋手（扌）

手で「とる」ことをあらわす**採**。

彩 サイ いろど―る

采＋彡

草花からとった「色彩《しきさい》」の**彩**。彡は色の美《うつく》しさをあらわす。

音記号《おんきごう》「其《キ》」がつくる漢字《かんじ》

「其《キ》」を音記号《おんきごう》にもつ形声文字《けいせいもじ》は、たくさんある。そこには、「其《キ》」のもとの意味をひいている漢字と、「其《キ》」がただ「キ」という音だけをあらわしている漢字《かんじ》とがある。

其のなりたち

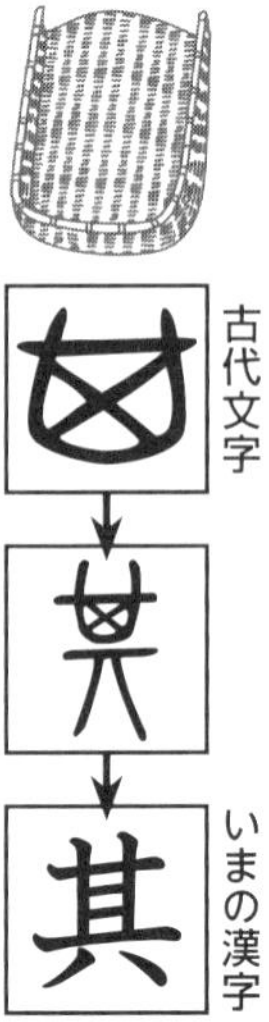

「其《キ》」は、竹製《たけせい》の四角い農具《のうぐ》の形。穀物《こくもつ》をすくったり、ちりとりに使《つか》ったりした。形声文字《けいせいもじ》のなかで「其《キ》」は、四角いものや、一定《いってい》の量《りょう》をはかるものをあらわしたりする。

意味をひいている「其」

四角いもの

箕《キ》（み）
棋《キ・ギ》（しょうぎ）
碁《キ・ゴ》（いご）
基《キ》（どだい）
旗《キ》（はた）

一定のくぎり

期《キ》（一定の時間）
稘《キ》（年一度のみのり）

四角いお面をかぶった人

倛《キ》
䫏《キ》
魌《キ》
欺《ギ》（だます）
諆《キ》

音だけあらわす「其」

淇《キ》
惎《キ》
琪《キ》
祺《キ》
綦《キ》
騏《キ》
麒《キ》

専門の音記号

（禾）のぎへん収《しゅう》穫《かく》
（犭）けものは捕《ほ》獲《かく》
（言）ごんべんついて
保《ほ》護《ご》をする

いまは音記号《おんきごう》だけに使《つか》われる形

この章《しょう》にでてくる音記号《おんきごう》は、いまは漢字《かんじ》としては使《つか》われていない。でも、きっと、知っている形が多いと思う。下を見てごらん。

「袁《エン》」は、「遠《エン》・園《エン》・猿《エン》」という漢字のなかで、音記号として使われている。「袁《エン》」は、もともとは、死者《ししゃ》をおくることをあらわす字だった。

ほかにも、「作《サク》」のなかの「乍《サク》」、「過《カ》」のなかの「咼《カ》」、「構《コウ》」のなかの「冓《コウ》」など、音記号だけに使われる形が、形声文字《けいせいもじ》にはいくつもあるんだ。

	形声文字		部首		音記号
遠足《えんそく》の	遠《エン》	−	辶《しんにゅう》	＝	袁《エン》
公園《こうえん》の	園《エン》	−	囗《くにがまえ》	＝	袁《エン》
類人猿《るいじんえん》の	猿《エン》	−	犭《けものへん》	＝	袁《エン》

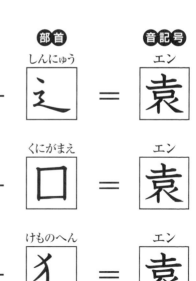

どれも、むかしは漢字として使われていたけれど、いまは音記号を専門《せんもん》にしている。だから、ここでは「専門《せんもん》の音記号《おんきごう》」とよぶことにしよう。

冓《コウ》

〔なりたち〕
くみひもとくみひもを上下に組み合わせた形

	形声文字		部首		音記号
構造《こうぞう》の	構《コウ》	−	木《きへん》	＝	冓《コウ》
講堂《こうどう》の	講《コウ》	−	言《ごんべん》	＝	冓《コウ》
購入《こうにゅう》の	購《コウ》	−	貝《かいへん》	＝	冓《コウ》

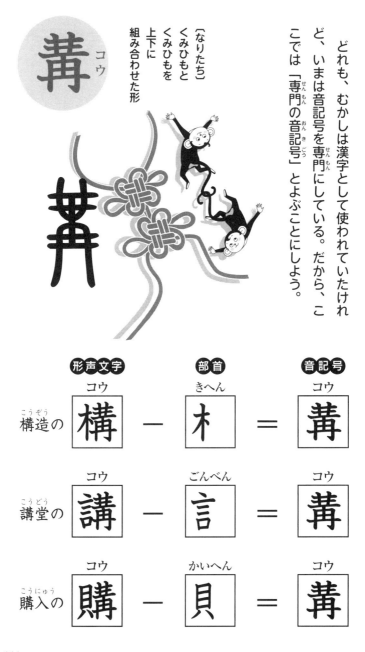

(亻)にんべん偉《い》人《じん》で
(辶)しんにゅう違《い》反《はん》
人《じん》工《こう》衛《えい》星《せい》
(行)ぎょうがまえ

音記号

韋 イ・エイ

意味

偉人《いじん》の偉《イ》 すぐれる えらい 中

違反《いはん》の違《イ》 ちがう たがう 中

衛星《えいせい》の衛《エイ》 まもる ふせぐ 5

緯度《いど》の緯《イ》 よこいと よこ・すじ 中

韋

偉

偉業《いぎょう》 偉大《いだい》

違

違法《いほう》 違和感《いわかん》

衛

衛生《えいせい》・衛星《えいせい》 護衛《ごえい》・防衛《ぼうえい》

緯

緯度《いど》 経緯《けいい》

(犭)けものは猿人《えんじん》

遠足《えんそく》(辶)しんにゅう

公園《こうえん》・庭園《ていえん》

(囗)くにがまえ

音記号

袁《エン》

意味

猿人《えんじん》の猿《エン》
中 さる

遠足《えんそく》の遠《エン》
❷ とおい とおざける

公園《こうえん》の園《エン》
❷ その

猿

類人猿《るいじんえん》
犬猿《けんえん》(の仲《なか》)

遠

遠方《えんぽう》・遠路《えんろ》
永遠《えいえん》・敬遠《けいえん》

園

園芸《えんげい》・園児《えんじ》
庭園《ていえん》・動物園《どうぶつえん》

過去《かこ》は
（辶）しんにゅう
禍《わざわい》（ネ）しめす
（氵）さんずいつくと
渦《うず》となる

音記号

咼 カ

意味

過去《かこ》の
過 カ
5 すぎる
あやまち

禍福《かふく》の
禍 カ
中 わざわい

渦中《かちゅう》の
渦 カ
中 うず

咼

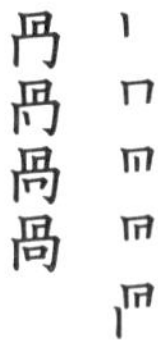

過

過激《かげき》・過失《かしつ》
経過《けいか》・通過《つうか》

禍

禍根《かこん》・禍福《かふく》
災禍《さいか》・戦禍《せんか》

渦

渦中《かちゅう》・渦紋《かもん》
渦巻《うずまき》

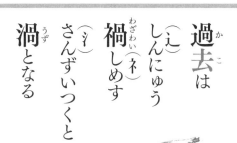

（禾）のぎへん収穫《しゅうかく》
（犭）けものは捕獲《ほかく》
（言）ごんべんついて
保護《ほご》をする

音記号

蒦

カク・ゴ

意味

穫　カク
収穫《しゅうかく》の
中　かりとる

獲　カク
捕獲《ほかく》の
中　える　とる

護　ゴ
保護《ほご》の
5　まもる

蒦

穫

収穫《しゅうかく》

獲

獲得《かくとく》・漁獲《ぎょかく》
捕獲《ほかく》・乱獲《らんかく》

護

護衛《ごえい》・護身《ごしん》
看護《かんご》・弁護《べんご》

（氵）さんずいの漢字《かんじ》
たいへん難儀《なんぎ》
（口）くちから嘆息《たんそく》
つい、もれる

音記号

𦰩

カン・タン

漢字《かんじ》の漢《カン》
嘆息《たんそく》の嘆《タン》
難儀《なんぎ》は難《ナン》

意味

漢　おとこ　中国　③
嘆　なげく　かんじいる　中
難　むずかしい　わざわい　⑥（会意）

漢

漢字《かんじ》・漢文《かんぶん》
好漢《こうかん》・門外漢《もんがいかん》

嘆

嘆願《たんがん》・嘆声《たんせい》
感嘆《かんたん》・驚嘆《きょうたん》

難

難解《なんかい》・難破《なんぱ》
困難《こんなん》・非難《ひなん》

(見)みるは観《かん》光《こう》
(欠)あくびで歓《かん》迎《げい》
(木)きへんがついたら
人《じん》権《けん》尊《そん》重《ちょう》

音記号

雚 カン・ケン

意味

観《かん》光《こう》の
観 カン
❹ みる ようす

歓《かん》迎《げい》の
歓 カン
中 よろこぶ よろこび

人《じん》権《けん》の
権 ケン
❻ はかる いりょく

勧《かん》誘《ゆう》の
勧 カン
中 すすめる はげます

観

観《かん》察《さつ》・観《かん》念《ねん》
外《がい》観《かん》・直《ちょっ》観《かん》

歓

歓《かん》喜《き》・歓《かん》声《せい》
歓《かん》待《たい》・歓《かん》談《だん》

権

権《けん》威《い》・権《けん》利《り》
権《けん》力《りょく》・政《せい》権《けん》

勧

勧《かん》業《ぎょう》・勧《かん》告《こく》
勧《かん》進《じん》・勧《かん》誘《ゆう》

(亻)にんべん偶《ぐう》数《すう》
(阝)こざとは一《いち》隅《ぐう》
(心)こころがついて
愚《ぐ》者《しゃ》となる

音記号

禺 グウ・グ

意味

偶数《ぐうすう》の偶《グウ》
中 対《つい》・人形 たまたま

一隅《いちぐう》の隅《グウ》
中 くま すみ

愚者《ぐしゃ》の愚《グ》
中 おろか

遭遇《そうぐう》の遇《グウ》
中 あう もてなす

禺

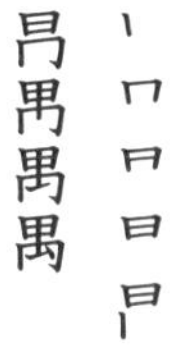

偶

偶然《ぐうぜん》・偶像《ぐうぞう》
偶発《ぐうはつ》・配偶《はいぐう》

愚

愚作《ぐさく》・愚策《ぐさく》
愚直《ぐちょく》・愚問《ぐもん》

遇

奇遇《きぐう》・境遇《きょうぐう》
待遇《たいぐう》・不遇《ふぐう》

(糸)いとへん経済《けいざい》
(車)くるまは軽油《けいゆ》
(彳)ぎょうにんべんで
直径《ちょっけい》だ

音記号

圣 ケイ

意味

経済《けいざい》の経 ケイ
⑤ たていと へる・すじみち

軽油《けいゆ》の軽 ケイ
③ かるい

直径《ちょっけい》の径 ケイ
④ こみち まっすぐに

地下茎《ちかけい》の茎 ケイ
中 くき

経

経緯《けいい》・経営《けいえい》
経過《けいか》・経験《けいけん》

軽

軽快《けいかい》・軽視《けいし》
軽食《けいしょく》・軽率《けいそつ》

径

口径《こうけい》・小径《しょうけい》
直径《ちょっけい》・半径《はんけい》

茎

根茎《こんけい》
地下茎《ちかけい》

(亻)
ひとは倹約《けんやく》

(木)
きへんで検査《けんさ》

(刂)
かたなは剣道《けんどう》

(馬)
うま実験《じっけん》

音記号

㑒 ケン (セン)

意味

倹約《けんやく》の 倹《ケン》 中 つつましい

検査《けんさ》の 検《ケン》 5 しらべる

剣道《けんどう》の 剣《ケン》 中 つるぎ

実験《じっけん》の 験《ケン》 4 ためす しるし

冒険《ぼうけん》の 険《ケン》 5 けわしい あやうい

倹
倹約《けんやく》
勤倹《きんけん》

検
検索《けんさく》・検証《けんしょう》
検問《けんもん》・点検《てんけん》

剣
剣客《けんかく》
真剣《しんけん》

験
経験《けいけん》
試験《しけん》

険
険悪《けんあく》・危険《きけん》
探険《たんけん》・保険《ほけん》

(糸)いとは緊張《きんちょう》
(貝)かい賢者《けんじゃ》
(土)つちでかためた
堅固《けんご》なまもり

音記号

臤 ケン・キン

意味

緊張《きんちょう》の緊 キン
中 かたくしまる さしせまる

賢者《けんじゃ》の賢 ケン
中 かしこい まさる

堅固《けんご》の堅 ケン
中 かたい

臤

緊
緊急《きんきゅう》・緊縮《きんしゅく》
緊迫《きんぱく》・緊密《きんみつ》

賢
賢察《けんさつ》・賢人《けんじん》
賢明《けんめい》・先賢《せんけん》

堅
堅持《けんじ》・堅実《けんじつ》
堅牢《けんろう》・中堅《ちゅうけん》

（貝）かいで購入《こうにゅう》
（木）きで構造《こうぞう》
（言）ごんべん
つけると
講堂《こうどう》だ

音記号

冓 コウ

意味

購入《こうにゅう》の
購 コウ
中 かう

構造《こうぞう》の
構 コウ
⑤ かまえる しくむ

講堂《こうどう》の
講 コウ
⑤ はなす ときあかす

側溝《そっこう》の
溝 コウ
中 みぞ

冓

一 十 卄 丗 龷 冓

購

購読《こうどく》
購買《こうばい》

構

構図《こうず》・構成《こうせい》
構想《こうそう》・機構《きこう》

講

講演《こうえん》・講義《こうぎ》
講座《こうざ》・講和《こうわ》

溝

海溝《かいこう》
側溝《そっこう》

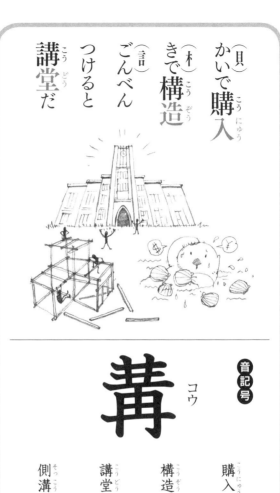

(木)きへんは大根《だいこん》
(目)めへんで眼科《がんか》
(金)かねへん
ついたら
銀貨《ぎんか》だよ

音記号

艮

コン・ガン
ギン・ゲン

意味

大根《だいこん》の**根**《コン》
❸ ね
ねざす

眼科《がんか》の**眼**《ガン》
❺ め
まなこ

銀貨《ぎんか》の**銀**《ギン》
❸ しろがね

限界《げんかい》の**限**《ゲン》
❺ かぎる
くぎり
(会意)

痛恨《つうこん》の**恨**《コン》
中 うらむ
くやむ

根

根気《こんき》・根絶《こんぜつ》
根本《こんぽん》・球根《きゅうこん》

眼

眼球《がんきゅう》・眼中《がんちゅう》
近眼《きんがん》・着眼《ちゃくがん》

銀

銀河《ぎんが》・銀行《ぎんこう》
水銀《すいぎん》・白銀《はくぎん》

限

限定《げんてい》・限度《げんど》
極限《きょくげん》・制限《せいげん》

(木)きへんで栽培《さいばい》
(衣)ころもで裁判《さいばん》
(車)くるまに
にもつが
満載《まんさい》だ

音記号

𢦏 サイ

意味

栽培《さいばい》の栽《サイ》
中 うえる うえき

裁判《さいばん》の裁《サイ》
6 たつ さばく

満載《まんさい》の載《サイ》
中 のせる

𢦏

栽

栽培《さいばい》
盆栽《ぼんさい》

裁

裁断《さいだん》・裁定《さいてい》
裁量《さいりょう》・体裁《ていさい》

載

記載《きさい》・掲載《けいさい》
積載《せきさい》・連載《れんさい》

(日)にちへん昨《さく》日《じつ》
(亻)にんべん作《さく》文《ぶん》
(酉)さけで酢《さく》酸《さん》
つくれるよ

音記号

乍 サク・サ

意味

昨《さく》日《じつ》の
昨《サク》
❹ きのう

作《さく》文《ぶん》の
作《サク》
❷ つくる

酢《さく》酸《さん》の
酢《サク》
中 す

詐《さ》欺《ぎ》の
詐《サ》
中 いつわる
うそ

昨

昨《さっ》今《こん》・昨《さく》年《ねん》
昨《さく》晩《ばん》・昨《さく》夜《や》

作

作《さ》業《ぎょう》・作《さく》詩《し》
原《げん》作《さく》・制《せい》作《さく》

酢

酢《さく》酸《さん》

詐

詐《さ》欺《ぎ》
詐《さ》称《しょう》

（女）おんなは令《れい》嬢《じょう》

（土）つちへん土《ど》壌《じょう》

（言）ごんべん謙《けん》譲《じょう》

（酉）さけ醸《じょう》造《ぞう》

音記号

襄《ジョウ》

意味

令《れい》嬢《じょう》の嬢《ジョウ》 中 むすめ

土《ど》壌《じょう》の壌《ジョウ》 中 つち とち

謙《けん》譲《じょう》の譲《ジョウ》 中 ゆずる

醸《じょう》造《ぞう》の醸《ジョウ》 中 かもす

襄

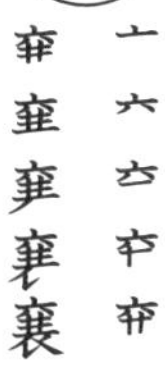

嬢

お嬢《じょう》さん

令《れい》嬢《じょう》

壌

土《ど》壌《じょう》

譲

譲《じょう》渡《と》・譲《じょう》歩《ほ》

委《い》譲《じょう》・分《ぶん》譲《じょう》

醸

醸《じょう》成《せい》

醸《じょう》造《ぞう》

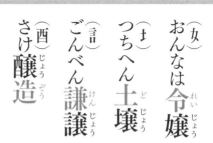

（言）ごんべん知識《ちしき》
（糸）いとへん染織《せんしょく》
（耳）みみをつけると
職業《しょくぎょう》だ

音記号

戠 ショク・シキ

意味

知識《ちしき》の識《シキ》 ⑤ しる しるす

染織《せんしょく》の織《ショク》 ⑤ おる

職業《しょくぎょう》の職《ショク》 ⑤ しごと

戠

音戠戠戠

識

識見《しきけん》・識別《しきべつ》
意識《いしき》・認識《にんしき》

織

織機《しょっき》・染織《せんしょく》
紡織《ぼうしょく》・組織《そしき》

職

職人《しょくにん》・職場《しょくば》
就職《しゅうしょく》・転職《てんしょく》

（亻）にんべん侵略《しんりゃく》
（氵）みず浸水《しんすい》
（宀）うかんむりでは
寝台《しんだい》だ

音記号

𠬶

シン

意味

侵略《しんりゃく》の**侵**　シン
中　おかす

浸水《しんすい》の**浸**　シン
中　ひたす　しみこむ

寝台《しんだい》の**寝**　シン
中　ねる（会意）

𠬶

フ ヨ ヨ 尹 彐 𠬶

侵

侵害《しんがい》・侵攻《しんこう》
侵入《しんにゅう》・侵犯《しんぱん》

浸

浸潤《しんじゅん》・浸水《しんすい》
浸透《しんとう》・浸入《しんにゅう》

寝

寝具《しんぐ》・寝室《しんしつ》
寝食《しんしょく》・就寝《しゅうしん》

（斤）おので新築《しんちく》
（見）みるは両親《りょうしん》
（艹）くさかんむりで
薪炭《しんたん》だ

音記号

亲《シン》
（辛《シン》＋木）

意味

新築《しんちく》の
新《シン》
あたらしい
あらた
❷（会意）

両親《りょうしん》の
親《シン》
おや
したしい
❷（会意）

薪炭《しんたん》の
薪《シン》
たきぎ
まき
中

新
新月《しんげつ》・新設《しんせつ》
更新《こうしん》・刷新《さっしん》

親
親愛《しんあい》・親密《しんみつ》
近親《きんしん》・肉親《にくしん》

薪
薪水《しんすい》
薪炭《しんたん》

音よみあそび⑤　ごろあわせ文を読んでみよう

人権《じんけん》、観光《かんこう》、勧告《かんこく》、大歓迎《だいかんげい》。

緊急《きんきゅう》に堅実《けんじつ》な賢人《けんじん》がほしい。

山菜《さんさい》の採集《さいしゅう》をして水彩《すいさい》画《が》にする。

盆栽《ぼんさい》を満載《まんさい》している裁判所《さいばんしょ》。

染織《せんしょく》の知識《ちしき》を必要《ひつよう》とする職業《しょくぎょう》。

海藻《かいそう》を乾燥《かんそう》する操作《そうさ》をおぼえた。

衛星《えいせい》の緯度《いど》と偉人《いじん》の違反《いはん》はわからない。

収穫《しゅうかく》と捕獲《ほかく》は少《すく》なく、生物《せいぶつ》は保護《ほご》する。

危険《きけん》な実験《じっけん》・検査《けんさ》で倹約《けんやく》する剣道《けんどう》部《ぶ》。

昨日《さくじつ》、酢酸《さくさん》を搾取《さくしゅ》する作文《さくぶん》を書《か》いた。

最低《さいてい》の抵抗《ていこう》で海底《かいてい》の豪邸《ごうてい》をまもる。

車輪《しゃりん》と不倫《ふりん》は、いっしょに議論《ぎろん》できない。

音よみあそび⑥

同じ音記号《おんきごう》の漢字《かんじ》が入ります

音記号…兑

新《しん》進《しん》気《き》□《えい》の

小《しょう》□《せつ》家《か》。

検《けん》□《えつ》なんか、

恐《きょう》□《えつ》至《し》極《ごく》。

所《しょ》得《とく》□《ぜい》を□《だつ》□《ぜい》。

ヒントの部首

忄	門	言	月	禾	金

音記号…艮

開《かい》[豸]《こん》地《ち》の大《だい》□《こん》、

痛《つう》□《こん》の[豸]《こん》願《がん》。

□《ぎん》貨《か》をもって

□《がん》科《か》にかようのは、

もう□《げん》界《かい》だ！

ヒントの部首

木	忄	心	目	金	阝	土

(禾)いねの税金《ぜいきん》
(言)ことばで説明《せつめい》
(月)にくづきついて
脱税《だつぜい》だ

音記号

兌

ゼイ・セツ
ダツ・エツ

意味

税金《ぜいきん》の**税**《ゼイ》
⑤ みつぎ ねんぐ

説明《せつめい》の**説**《セツ》
④ とく いけん

脱税《だつぜい》の**脱**《ダツ》
中 ぬけだす ぬぐ

検閲《けんえつ》の**閲**《エツ》
中 しらべる

税
税関《ぜいかん》・税率《ぜいりつ》
納税《のうぜい》・免税《めんぜい》

説
説教《せっきょう》・説得《せっとく》
小説《しょうせつ》・遊説《ゆうぜい》

脱
脱出《だっしゅつ》・脱皮《だっぴ》
脱力《だつりょく》・離脱《りだつ》

閲
閲読《えつどく》・閲覧《えつらん》
検閲《けんえつ》・校閲《こうえつ》

（⻊）あしで実践《じっせん》
（釒）かね賽銭《さいせん》
（歹）いちたへんだと
残念《ざんねん》だ

音記号

戔

セン・ザン

意味

実践《じっせん》の践《セン》
中 ふむ おこなう

賽銭《さいせん》の銭《セン》
6 ぜに

残念《ざんねん》の残《ザン》
4 のこる そこなう

深浅《しんせん》の浅《セン》
4 あさい

践
実践《じっせん》

銭
銭湯《せんとう》・金銭《きんせん》
悪銭《あくせん》・無銭《むせん》

残
残暑《ざんしょ》・残留《ざんりゅう》
敗残《はいざん》・無残《むざん》

浅
浅海《せんかい》・浅学《せんがく》
浅薄《せんぱく》・浅慮《せんりょ》

（糸）いとへん組《そ》織《しき》
（力）ちからで援《えん》助《じょ》
（米）こめへん粗《そ》末《まつ》で
（ネ）しめすは祖《そ》先《せん》

音記号

且

ソ・サ

意味

組織《そしき》の組　ソ　❷くむ　くみ

粗末《そまつ》の粗　ソ　中あらい　そまつ

祖先《そせん》の祖　ソ　❺せんぞ

検査《けんさ》の査　サ　❺しらべる

援助《えんじょ》は助　ジョ　❸たすける（会意）

組

組閣《そかく》
改組《かいそ》

粗

粗雑《そざつ》
粗品《そしな》

祖

祖父母《そふぼ》
元祖《がんそ》

査

査察《ささつ》・査定《さてい》
巡査《じゅんさ》・審査《しんさ》

助

助言《じょげん》・助手《じょしゅ》
救助《きゅうじょ》・補助《ほじょ》

(扌)てへんは体操《たいそう》
(火)ひで乾燥《かんそう》
(艹)くさかんむりで
海藻《かいそう》だ

音記号

喿《ソウ》

意味

体操《たいそう》の操《ソウ》
⑥ あやつる
みさお

乾燥《かんそう》の燥《ソウ》
中 かわく

海藻《かいそう》の藻《ソウ》
中 も
みずくさ

喿

口 吕 品 喿

操

操作《そうさ》・操縦《そうじゅう》
情操《じょうそう》・節操《せっそう》

燥

乾燥《かんそう》
焦燥《しょうそう》

藻

藻類《そうるい》
海藻《かいそう》

（亻）にんべん最低《さいてい》
（阝）おおざと豪邸《ごうてい》
（扌）てへんをつけて
抵抗《ていこう》だ

音記号

氏《テイ》

意味

最低《さいてい》の
低《テイ》
④ ひくい

豪邸《ごうてい》の
邸《テイ》
中 やしき

抵抗《ていこう》の
抵《テイ》
中 こばむ ふれる

底辺《ていへん》の
底《テイ》
④ そこ

低

低音《ていおん》・低減《ていげん》
低迷《ていめい》・高低《こうてい》

邸

邸宅《ていたく》・邸内《ていない》
官邸《かんてい》・別邸《べってい》

抵

抵抗《ていこう》・抵触《ていしょく》
抵当《ていとう》・大抵《たいてい》

底

底面《ていめん》・底流《ていりゅう》
海底《かいてい》・根底《こんてい》

(氵)さんずい水滴《すいてき》
(辶)しんにゅう
適当《てきとう》
敵《てき》とたたかう
(攵)むちづくり

音記号

啇 テキ

意味

水滴《すいてき》の
滴 テキ
中 しずく したたる

適当《てきとう》の
適 テキ
5 かなう

敵軍《てきぐん》の
敵 テキ
6 あいて かたき

摘出《てきしゅつ》の
摘 テキ
中 つむ ゆびさす

啇

滴
雨滴《うてき》
点滴《てんてき》

適
適応《てきおう》・適切《てきせつ》
快適《かいてき》・最適《さいてき》

敵
敵意《てきい》
天敵《てんてき》

摘
摘発《てきはつ》
指摘《してき》

(力)ちからで勝《しょう》負《ぶ》

(艹)くさ加《か》藤《とう》

物《ぶっ》価《か》高《こう》騰《とう》

(馬)うまがつく

音記号

朕 トウ・ショウ
(ヨウ)

意味

勝《しょう》負《ぶ》の勝 ショウ
3 かつ まさる

加《か》藤《とう》の藤 トウ
中 ふじ

高《こう》騰《とう》の騰 トウ
中 あがる

戸《こ》籍《せき》謄《とう》本《ほん》の謄 トウ
中 かきうつす

勝

勝《しょう》機《き》・勝《しょう》敗《はい》

景《けい》勝《しょう》・連《れん》勝《しょう》

藤

葛《かっ》藤《とう》

騰

騰《とう》落《らく》・急《きゅう》騰《とう》

沸《ふっ》騰《とう》・暴《ぼう》騰《とう》

謄

謄《とう》写《しゃ》・謄《とう》本《ほん》

戸《こ》籍《せき》謄《とう》本《ほん》

（亻）ひとは倍《ばい》増《ぞう》
（阝）おおざと部《ぶ》分《ぶん》
（刂）かたなで解《かい》剖《ぼう》
ふたつにわける

音記号

咅

バイ
ボウ・ブ
（ハイ）

倍増《ばいぞう》の倍《バイ》
部分《ぶぶん》は部《ブ》
解剖《かいぼう》の剖《ボウ》
栽培《さいばい》の培《バイ》
賠償《ばいしょう》の賠《バイ》

意味

倍 ③ ます ばいまし
部 ③ わける くぶん
剖 中 さく わける
培 中 つちかう
賠 中 つぐなう

倍

倍加《ばいか》・倍額《ばいがく》
倍数《ばいすう》・倍率《ばいりつ》

部

部員《ぶいん》・部類《ぶるい》
頭部《とうぶ》・本部《ほんぶ》

剖

解剖《かいぼう》

培

培養《ばいよう》
栽培《さいばい》

賠

賠償《ばいしょう》

博士《はくし》　薄給《はっきゅう》
（竹）たけ帳簿《ちょうぼ》
（糸）いとでしばると
束縛《そくばく》だ

音記号

尃

ハク・バク
ボ

（フ）

意味

博士《はくし》の博《ハク》　④　ひろい

薄給《はっきゅう》の薄《ハク》　中　うすい　すくない

帳簿《ちょうぼ》の簿《ボ》　中　ちょうめん

束縛《そくばく》の縛《バク》　中　しばる

博

博愛《はくあい》・博学《はくがく》
博識《はくしき》・博物館《はくぶつかん》

薄

薄情《はくじょう》・薄氷《はくひょう》
希薄《きはく》・軽薄《けいはく》

簿

簿記《ぼき》・名簿《めいぼ》
家計簿《かけいぼ》

縛

呪縛《じゅばく》・束縛《そくばく》
捕縛《ほばく》

(月)にくづき満腹《まんぷく》
(衤)ころもで複雑《ふくざつ》
(亻)ぎょうにんべんで
往《おう》復《ふく》だ

音記号

复 フク

意味

満腹《まんぷく》の **腹** フク
⑥ はら

複雑《ふくざつ》の **複** フク
⑤ かさねる

往復《おうふく》の **復** フク
⑤ かえる くりかえす

覆面《ふくめん》の **覆** フク
中 くつがえる おおう

复

𠂉 旨 复 复

腹

腹筋《ふっきん》
立腹《りっぷく》

複

複眼《ふくがん》・複合《ふくごう》
複数《ふくすう》・重複《じゅうふく》《ちょうふく》

復

復活《ふっかつ》・復路《ふくろ》
回復《かいふく》・反復《はんぷく》

覆

覆水《ふくすい》
転覆《てんぷく》

(ネ)しめすへん幸福《こうふく》
(刂)かたなで副業《ふくぎょう》
(宀)うかんむりつく
大富豪《だいふごう》

音記号

畐

フク・フ

意味

幸福《こうふく》の福《フク》
❸ さいわい

副業《ふくぎょう》の副《フク》
❹ そえる　ひかえ

富豪《ふごう》の富《フ》
❹ とむ　ゆたか

振幅《しんぷく》の幅《フク》
中 はば　かけじく

福
福運《ふくうん》・福祉《ふくし》
祝福《しゅくふく》・裕福《ゆうふく》

副
副作用《ふくさよう》・副賞《ふくしょう》
副題《ふくだい》・副本《ふくほん》

富
富強《ふきょう》・富貴《ふうき》
貧富《ひんぷ》・豊富《ほうふ》

幅
一幅《いっぷく》・全幅《ぜんぷく》
振幅《しんぷく》・増幅《ぞうふく》

（糸）いとへん編集《へんしゅう》
（亻）にんべん偏見《へんけん》
（辶）しんにゅうついて
お遍路《へんろ》さん

音記号

扁 ヘン

意味

編集《へんしゅう》の**編** ヘン
⑤ あむ
糸でとじる

偏見《へんけん》の**偏** ヘン
中 かたよる
かたがわ

遍路《へんろ》の**遍** ヘン
中 あまねし

扁

一 ㇆ ョ 戸 戸
扃 扃 扁 扁

編

編曲《へんきょく》・編入《へんにゅう》
全編《ぜんぺん》・続編《ぞくへん》

偏

偏愛《へんあい》・偏屈《へんくつ》
偏在《へんざい》・偏食《へんしょく》

遍

遍在《へんざい》・遍歴《へんれき》
一遍《いっぺん》・普遍《ふへん》

(扌)てへん逮《たい》捕《ほ》で
(衤)ころもが補《ほ》欠《けつ》
店《てん》舗《ぽ》・舗《ほ》装《そう》も
甫《ほ》のなかま

音記号

甫 ホ

意味

逮捕《たいほ》の**捕**ホ 中 とらえる つかまる

補欠《ほけつ》の**補**ホ 6 おぎなう

舗装《ほそう》の**舗**ホ 中 しく ならべる

哺乳類《ほにゅうるい》の**哺**ホ 中 ふくむ はぐくむ

甫

一 丆 冂 冃 冃 甫 甫

捕

捕獲《ほかく》・捕手《ほしゅ》
捕食《ほしょく》・捕虜《ほりょ》

補

補給《ほきゅう》・補助《ほじょ》
補足《ほそく》・候補《こうほ》

舗

舗装《ほそう》・舗道《ほどう》
店舗《てんぽ》・本舗《ほんぽ》

(土)つちは墓石《ぼせき》で
(日)にちはお歳暮《せいぼ》
かくれた(力)ちからを
募集《ぼしゅう》する

音記号

莫 ボ・バク

意味

墓石《ぼせき》の **墓** ボ
⑤ はか

歳暮《せいぼ》の **暮** ボ
⑥ くれる くらす

募集《ぼしゅう》の **募** ボ
中 つのる

慕情《ぼじょう》の **慕** ボ
中 したう

幕府《ばくふ》の **幕** バク
⑥ まく おおう

墓
墓穴《ぼけつ》・墓所《ぼしょ》
墓地《ぼち》・墓標《ぼひょう》

暮
暮色《ぼしょく》
薄暮《はくぼ》

募
募金《ぼきん》・応募《おうぼ》
急募《きゅうぼ》・公募《こうぼ》

慕
敬慕《けいぼ》
思慕《しぼ》

幕
幕末《ばくまつ》
幕僚《ばくりょう》

(車) くるまで輸《ゆ》送《そう》
(忄) こころは愉《ゆ》快《かい》
(疒) やまいだれつけ
治《ち》癒《ゆ》となる

音記号

兪 ユ

意味

輸送《ゆそう》の **輸** ユ
5 はこぶ おくる

愉快《ゆかい》の **愉** ユ
中 たのしむ よろこぶ

治癒《ちゆ》の **癒** ユ
中 いえる なおる

教諭《きょうゆ》の **諭** ユ
中 さとす いさめる

兪

輸
輸《ゆ》血《けつ》・輸《ゆ》出《しゅつ》
輸《ゆ》入《にゅう》・運《うん》輸《ゆ》

愉
愉《ゆ》悦《えつ》
愉《ゆ》快《かい》

癒
癒《ゆ》着《ちゃく》
快《かい》癒《ゆ》

諭
諭《ゆ》旨《し》・教《きょう》諭《ゆ》
説《せつ》諭《ゆ》・勅《ちょく》諭《ゆ》

（扌）てへんで掲揚《けいよう》
（阝）こざとで太陽《たいよう》
（土）つちへんついて
野球場《やきゅうじょう》

音記号

昜 ヨウ・ジョウ
チョウ

意味

掲揚《けいよう》の 揚 ヨウ
中 あげる

太陽《たいよう》の 陽 ヨウ
③ ひ
ひなた

球場《きゅうじょう》の 場 ジョウ
② ば
ばしょ

大腸《だいちょう》の 腸 チョウ
⑥ はらわた

揚
揚水《ようすい》・揚力《ようりょく》
高揚《こうよう》・抑揚《よくよう》

陽
陽気《ようき》・陽光《ようこう》
陰陽《いんよう》・山陽《さんよう》

場
場外《じょうがい》・市場《しじょう》
農場《のうじょう》・来場《らいじょう》

腸
胃腸《いちょう》・小腸《しょうちょう》
断腸《だんちょう》・盲腸《もうちょう》

(亻)にんべん人《じん》倫《りん》
(車)くるまは車《しゃ》輪《りん》
(言)ごんべんつけて
議《ぎ》論《ろん》する

音記号

侖

リン・ロン

人倫《じんりん》の
倫《リン》

意味

中
ひとのみち
なかま

車輪《しゃりん》の
輪《リン》

❹
わ
くるま

議論《ぎろん》の
論《ロン》

❻
すじみちを
たてた意見

倫

倫理《りんり》
人倫《じんりん》

輪

輪郭《りんかく》・輪番《りんばん》
年輪《ねんりん》・両輪《りょうりん》

論

論説《ろんせつ》・論理《ろんり》
異論《いろん》・理論《りろん》

大人の方へ

●この本でとりあげた108の音記号で組み立てられる漢字は、常用漢字で千字あまりになります。この本では四百字弱をとりあげました。そのほとんどが形声文字ですが、一部、音をひく会意文字もふくまれています（本文中に注記があります）。

●共通の音記号をもつ「なかまの漢字」として、「ふくらんだ音記号」（38ページ参照）の形声文字もいくつか例示しています。語・悟（音記号：五→吾）、湖（古→胡）、倣（方→放）、働（重→動）、腐（付→府）、廊（良→郎）、荷（可→何）、照（召→昭）などがそうした例です。

●部首の分類方法は、辞書や教科書によって少しずつ異なります。また、部首名についても、たとえば、辶は「しんにゅう」「しんにょう」、攵は「ぼくにょう」「のぶん」「むちづくり」、行は「ゆきがまえ」「ぎょうがまえ」など、いくつかの呼び名が使われているものがあります。

参考文献：白川静『新訂 字統』『字通』（ともに平凡社）

108の音記号一覧

＊数字は掲載《けいさい》ページ

安 40	韋 112	袁 113	意 41	化 42	可 80	加 62	果 63	咼 114	亥 94	各 64	蒦 115
干 87	官 65	𦰩 116	隺 117	監 95	己 88	其 96	義 81	求 66	巨 97	共 67	禺 118
圣 119	京 22	㑒 120	臤 121	兼 98	古 23	五 16	工 24	交 25	冓 122	艮 123	才 26
𢦏 124	采 99	乍 125	士 82	寺 27	者 43	主 44	周 68	重 45	召 100	尚 101	襄 126
戠 127	申 46	辰 102	𠬶 128	亲 129	真 47	正 17	生 18	成 69	青 19	兑 132	責 83
折 70	占 103	戋 133	且 134	相 48	曽 104	喿 135	則 84	代 49	丁 50	兆 71	長 28
直 29	氏 136	啇 137	豆 51	朕 138	同 30	咅 139	白 20	專 140	反 52	半 31	皮 53
非 85	付 72	复 141	畐 142	分 32	扁 143	甫 144	莫 145	方 33	包 73	亡 89	麻 105
毎 34	免 106	由 54	俞 146	余 86	羊 55	昜 147	里 35	良 74	侖 148	令 75	列 56

さくいん

＊知りたい漢字や音記号のページを、ここで調べることができます。
＊太字は音記号です。
＊形声文字は、この本でとりあげた主要な音よみのアイウエオ順にならんでいます。
（ ）のなかが音記号です。
＊同じ音記号をもつ、同じ音の漢字は、できるだけならべて掲載しています。

ア

アン **安** ……40
アン 按（安）……40
アン 案（安）……40
アン 鞍（安）……40

イ

イ（オク） **意** ……41
イ **韋** ……112
イ 偉（韋）……112
イ 違（韋）……112
イ 緯（韋）……112

エ

エイ 衛（韋）……112
エツ（セツ） **兑** ……132
エツ 閲（兑）……132
エン **袁** ……113
エン 遠（袁）……113
エン 園（袁）……113
エン 猿（袁）……113

オ

オク 億（意）……41
オク 憶（意）……41
オク 臆（意）……41

カ

カ **化** ……42
カ 花（化）……42
カ 貨（化）……42
カ 靴（化）……42
カ **加** ……62
カ 架（加）……62
カ **可** ……80
カ 何（可）……80
カ 河（可）……80
カ 荷（可）……80
カ 歌（可）……80
カ **果** ……63
カ 菓（果）……63
カ 課（果）……63
カ **咼** ……114

カ　過（咼）……114
カ　渦（咼）……114
カ　禍（咼）……114
ガ　賀（加）……62
カイ　海（毎）……34
カイ　悔（毎）……34
ガイ　**亥**……94
ガイ　劾（亥）……94
ガイ　該（亥）……94
ガイ　骸（亥）……94
カク　核（亥）……94
カク　**各**……64
カク　客（各）……64
カク　格（各）……64
カク　閣（各）……64
カク　**蒦**……115
カク　穫（蒦）……115
カク　獲（蒦）……115
カン　**干**……87

カン　刊（干）……87
カン　汗（干）……87
カン　肝（干）……87
カン　**官**……65
カン　棺（官）……65
カン　管（官）……65
カン　館（官）……65
カン　**𦰩**……116
カン　漢（𦰩）……116
カン　**雚**……117
カン　勧（雚）……117
カン　歓（雚）……117
カン　観（雚）……117
カン　**監**……95
カン　艦（監）……95
カン　鑑（監）……95
ガン　眼（艮）……123

キ

キ　**己**……88
キ　忌（己）……88
キ　紀（己）……88
キ　起（己）……88
キ　記（己）……88
キ　**其**……96
キ　基（其）……96
キ　期（其）……96
キ　旗（其）……96
キ　棋（其）……96
キ　欺（其）……96
ギ　**義**……81
ギ　儀（義）……81
ギ　犠（義）……81
ギ　議（義）……81
キュウ　**求**……66
キュウ　球（求）……66

キュウ　救（求）……66
キョ　**巨**……97
キョ　拒（巨）……97
キョ　距（巨）……97
キョウ　**共**……67
キョウ　供（共）……67
キョウ　恭（共）……67
キン　緊（臤）……121
ギン　銀（艮）……123

ク

ク　苦（古）……23
グ　愚（禺）……118
グウ　**禺**……118
グウ　偶（禺）……118
グウ　隅（禺）……118
グウ　遇（禺）……118

ケ

ケイ	**圣**		119
ケイ	径	(圣)	119
ケイ	茎	(圣)	119
ケイ	経	(圣)	119
ケイ	軽	(圣)	119
ケイ	**京**		22
ケイ	景	(京)	22
ゲイ	鯨	(京)	22
ケン(セン)	**佥**		120
ケン	倹	(佥)	120
ケン	剣	(佥)	120
ケン	険	(佥)	120
ケン	検	(佥)	120
ケン	験	(佥)	120
ケン	**臤**		121
ケン	堅	(臤)	121
ケン	賢	(臤)	121
ケン	**兼**		98
ケン	嫌	(兼)	98
ケン	謙	(兼)	98
ケン	権	(雈)	117
ゲン	限	(艮)	123

コ

コ	**古**		23
コ	枯	(古)	23
コ	故	(古)	23
コ	湖	(古)	23
ゴ	**五**		16
ゴ	伍	(五)	16
ゴ	悟	(五)	16
ゴ	語	(五)	16
ゴ	護	(蒦)	115
コウ	**工**		24
コウ	巧	(工)	24
コウ	功	(工)	24
コウ	紅	(工)	24
コウ	攻	(工)	24
コウ	**交**		25
コウ	効	(交)	25
コウ	郊	(交)	25
コウ	校	(交)	25
コウ	絞	(交)	25
コウ	洪	(共)	67
コウ	**冓**		122
コウ	溝	(冓)	122
コウ	構	(冓)	122
コウ	講	(冓)	122
コウ	購	(冓)	122
コク	刻	(亥)	94
コン	**艮**		123
コン	恨	(艮)	123
コン	根	(艮)	123

サ

サ	詐	(乍)	125
サ	査	(且)	134
サイ	**才**		26
サイ	**𢦏**		124
サイ	栽	(𢦏)	124
サイ	裁	(𢦏)	124
サイ	載	(𢦏)	124
サイ	**采**		99
サイ	菜	(采)	99
サイ	採	(采)	99
サイ	彩	(采)	99
サイ	債	(責)	83
ザイ	材	(才)	26
ザイ	財	(才)	26
サク	**乍**		125
サク	作	(乍)	125
サク	昨	(乍)	125

サク　酢（乍）……125
ザン　残（戔）……133

シ

シ　士……82
シ　仕（士）……82
シ　志（士）……82
シ　誌（士）……82
シ　詩（寺）……27
ジ　寺……27
ジ　持（寺）……27
ジ　時（寺）……27
シキ　識（戠）……127
ジク　軸（由）……54
シャ　者……43
シャ　煮（者）……43
シュ　主……44
シュ　種（重）……45
シュ　腫（重）……45
シュウ　周……68
シュウ　週（周）……68
ジュウ　住（主）……44
ジュウ　重……45
ショ　暑（者）……43
ショ　署（者）……43
ショ　緒（者）……43
ショ　諸（者）……43
ジョ　助（且）……134
ジョ　除（余）……86
ジョ　徐（余）……86
ショウ　召……100
ショウ　招（召）……100
ショウ　昭（召）……100
ショウ　紹（召）……100
ショウ　照（召）……100
ショウ　祥（羊）……55
ショウ　詳（羊）……55
ショウ　尚……101
ショウ　掌（尚）……101
ショウ　賞（尚）……101
ショウ　勝（𠔉）……138
ジョウ　城（成）……69
ジョウ　常（尚）……101
ジョウ　情（青）……19
ジョウ　場（昜）……147
ジョウ　襄……126
ジョウ　孃（襄）……126
ジョウ　壌（襄）……126
ジョウ　譲（襄）……126
ジョウ　醸（襄）……126
ショク　植（直）……29
ショク　殖（直）……29
ショク　戠……127
ショク　織（戠）……127
ショク　職（戠）……127
シン　申……46
シン　伸（申）……46
シン・ジン　神（申）……46
シン　紳（申）……46
シン　辰……102
シン　振（辰）……102
シン　娠（辰）……102
シン　震（辰）……102
シン　𠬶……128
シン　侵（𠬶）……128
シン　浸（𠬶）……128
シン　寝（𠬶）……128
シン　亲……129
シン　新（亲）……129
シン　親（亲）……129
シン　薪（亲）……129
シン　真……47
シン　慎（真）……47

セ

セイ　正……17

セイ　征（正）……17
セイ　政（正）……17
セイ　整（正）……17
セイ　**生**……18
セイ　姓（生）……18
セイ　性（生）……18
セイ　牲（生）……18
セイ　星（生）……18
セイ　**成**……69
セイ　盛（成）……69
セイ　誠（成）……69
セイ　**青**……19
セイ　清（青）……19
セイ　晴（青）……19
セイ　精（青）……19
セイ　請（青）……19
セイ　逝（折）……70
セイ　誓（折）……70
ゼイ　税（兑）……132
セキ　**責**……83
セキ　積（責）……83
セキ　績（責）……83
セツ　**折**……70
セツ　説（兑）……132
セン　**占**……103
セン　**戋**……133
セン　浅（戋）……133
セン　践（戋）……133
セン　銭（戋）……133

ソ

ソ　**且**……134
ソ　祖（且）……134
ソ　組（且）……134
ソ　粗（且）……134
ソウ　**相**……48
ソウ　想（相）……48
ソウ　箱（相）……48
ソウ　霜（相）……48
ソウ　**曽**……104
ソウ　僧（曽）……104
ソウ　層（曽）……104
ソウ　**喿**……135
ソウ　操（喿）……135
ソウ　燥（喿）……135
ソウ　藻（喿）……135
ゾウ　増（曽）……104
ゾウ　憎（曽）……104
ゾウ　贈（曽）……104
ソク　**則**……84
ソク　側（則）……84
ソク　測（則）……84

タ

タイ　**代**……49
タイ　袋（代）……49
タイ　貸（代）……49
タイ　待（寺）……27
ダツ　脱（兑）……132
タン　嘆（𦰩）……116

チ

チ　値（直）……29
チ　置（直）……29
チュウ　注（主）……44
チュウ　柱（主）……44
チュウ　駐（主）……44
チュウ　抽（由）……54
チュウ　宙（由）……54
チョウ　**丁**……50
チョウ　庁（丁）……50
チョウ　町（丁）……50
チョウ　頂（丁）……50
チョウ　**兆**……71
チョウ　挑（兆）……71
チョウ　跳（兆）……71

チョウ 彫（周）……68
チョウ 調（周）……68
チョウ 超（召）……100
チョウ **長**……28
チョウ 帳（長）……28
チョウ 張（長）……28
チョウ 脹（長）……28
チョウ 腸（昜）……147
チョク **直**……29
チン 鎮（真）……47

テ

テイ **氏**……136
テイ 低（氏）……136
テイ 邸（氏）……136
テイ 抵（氏）……136
テイ 底（氏）……136
テイ 訂（丁）……50
テキ 笛（由）……54
テキ **啇**……137
テキ 滴（啇）……137
テキ 適（啇）……137
テキ 摘（啇）……137
テキ 敵（啇）……137
テツ 哲（折）……70
テン 店（占）……103
テン 点（占）……103

ト

ト 途（余）……86
ト 塗（余）……86
トウ **豆**……51
トウ 痘（豆）……51
トウ 頭（豆）……51
トウ・ト 登（豆）……51
トウ 逃（兆）……71
トウ 桃（兆）……71
トウ 党（尚）……101
トウ 筒（同）……30
トウ（ヨウ） **朕**……138
トウ 藤（朕）……138
トウ 謄（朕）……138
トウ 騰（朕）……138
ドウ **同**……30
ドウ 洞（同）……30
ドウ 胴（同）……30
ドウ 銅（同）……30
ドウ 堂（尚）……101
ドウ 動（重）……45
ドウ 働（重）……45
トク 特（寺）……27

ナ

ナン 難（𦰩）……116

ネ

ネン 粘（占）……103

ハ

ハ 波（皮）……53
ハ 破（皮）……53
ハイ 俳（非）……85
ハイ 排（非）……85
ハイ 輩（非）……85
バイ（ハイ） **音**……139
バイ 倍（音）……139
バイ 培（音）……139
バイ 賠（音）……139
バイ 梅（毎）……34
ハク **白**……20
ハク 泊（白）……20
ハク 迫（白）……20
ハク 拍（白）……20
ハク 舶（白）……20
ハク（フ） **尃**……140
ハク 博（尃）……140

ハク	薄	（尃）	140
バク	縛	（尃）	140
バク・マク	幕	（莫）	145
ハン	**反**		52
ハン	版	（反）	52
ハン	販	（反）	52
ハン	飯	（反）	52
ハン	**半**		31
ハン	畔	（半）	31
ハン・バン	判	（半）	31
ハン・バン	伴	（半）	31
バン	板	（反）	52
バン	晩	（免）	106

ヒ

ヒ	**皮**		53
ヒ	披	（皮）	53
ヒ	彼	（皮）	53
ヒ	疲	（皮）	53
ヒ	**非**		85
ヒ	悲	（非）	85

フ

フ	**付**		72
フ	府	（付）	72
フ	附	（付）	72
フ	符	（付）	72
フ	腐	（付）	72
フ・フウ	富	（畐）	142
ブ	部	（咅）	139
フク	**复**		141
フク	復	（复）	141
フク	腹	（复）	141
フク	複	（复）	141
フク	覆	（复）	141
フク	**畐**		142
フク	副	（畐）	142
フク	幅	（畐）	142
フク	福	（畐）	142
フン	**分**		32
フン	粉	（分）	32
フン	紛	（分）	32
フン	雰	（分）	32

ヘ

ヘン	返	（反）	52
ヘン	**扁**		143
ヘン	偏	（扁）	143
ヘン	遍	（扁）	143
ヘン	編	（扁）	143
ベン	勉	（免）	106

ホ

ホ	**甫**		144
ホ	捕	（甫）	144
ホ	哺	（甫）	144
ホ	補	（甫）	144
ホ	舗	（甫）	144
ボ	**莫**		145
ボ	墓	（莫）	145
ボ	募	（莫）	145
ボ	暮	（莫）	145
ボ	慕	（莫）	145
ボ	簿	（尃）	140
ホウ	**方**		33
ホウ	放	（方）	33
ホウ	倣	（方）	33
ホウ	訪	（方）	33
ホウ	**包**		73
ホウ	抱	（包）	73
ホウ	泡	（包）	73
ホウ	砲	（包）	73
ホウ	飽	（包）	73
ホウ・ボウ	胞	（包）	73
ボウ	剖	（咅）	139
ボウ	防	（方）	33

マ
ボウ 房（方）……33
ボウ 亡……89
ボウ 忙（亡）……89
ボウ 忘（亡）……89
ボウ 望（亡）……89
ボン 盆（分）……32
マ 麻……105
マ 摩（麻）……105
マ 磨（麻）……105
マ 魔（麻）……105
マイ（カイ） 毎……34

メ
メン 免……106

モ
モウ 盲（亡）……89

ユ
ユ 由……54
ユ 油（由）……54
ユ 兪……146
ユ 愉（兪）……146
ユ 諭（兪）……146
ユ 輸（兪）……146
ユ 癒（兪）……146

ヨ
ヨ（ジョ） 余……86
ヨウ 羊……55
ヨウ 洋（羊）……55
ヨウ 養（羊）……55
ヨウ 昜……147
ヨウ 揚（昜）……147
ヨウ 陽（昜）……147

ラ
ラ 裸（果）……63
ラク 絡（各）……64
ラン 濫（監）……95

リ
リ 里……35
リ 理（里）……35
リ 裏（里）……35
リ 鯉（里）……35
リョウ 良……74
リョウ 涼（京）……22
リョウ 諒（京）……22
リョウ 領（令）……75
リン 侖……148
リン 倫（侖）……148
リン 輪（侖）……148
リン 厘（里）……35

レ
レイ 令……75
レイ 冷（令）……75
レイ 零（令）……75
レイ 齢（令）……75
レイ 例（列）……56
レツ 列……56
レツ 烈（列）……56
レツ 裂（列）……56
レン 廉（兼）……98

ロ
ロ 路（各）……64
ロウ 浪（良）……74
ロウ 郎（良）……74
ロウ 朗（良）……74
ロウ 廊（良）……74
ロン 論（侖）……148

*―本書は、宮下久夫・伊東信夫・篠崎五六・浅川満「漢字がたのしくなる本」シリーズ（小社刊）をもとに編集したものです。唱えことばで形声文字をたのしく学ぶ方法については、同シリーズの『ワーク5』と『１０８形声文字カルタ』をもとにしています。

漢字の音よみ名人
初見の熟語がスラリと読める

二〇一八年二月二十日　初版印刷
二〇一八年三月二十日　初版発行

編　太郎次郎社エディタス編集部
イラスト　カネコツミエ
デザイン　鈴木美緒
発行所　株式会社太郎次郎社エディタス
東京都文京区本郷三―四―三―八階　〒一一三―〇〇三三
電話　〇三―三八一五―〇六〇五
FAX　〇三―三八一五―〇六九八
http://www.tarojiro.co.jp/
電子メール　tarojiro@tarojiro.co.jp
組版　滝澤博（四幻社）
印刷・製本　シナノ書籍印刷
定価はカバーに表示してあります
ISBN978-4-8118-0534-4　C6081